征途之
奔赴山河
登山与赛艇

白宇飞
胡　婷
陈柏君
著

生活·讀書·新知 三联书店

Copyright © 2025 by SDX Joint Publishing Company.
All Rights Reserved.
本作品版权由生活・读书・新知三联书店所有。
未经许可，不得翻印。

图书在版编目（CIP）数据

征途之奔赴山河：登山与赛艇/白宇飞，胡婷，陈柏君著 . -- 北京：生活・读书・新知三联书店，2025.3
-- ISBN 978-7-108-07975-6

Ⅰ . G881; G861.4

中国国家版本馆 CIP 数据核字第 20241Y9487 号

责任编辑	王婧娅
封面设计	崔欣晔
责任印制	洪江龙
出版发行	生活・讀書・新知 三联书店 （北京市东城区美术馆东街 22 号）
邮　　编	100010
印　　刷	上海雅昌艺术印刷有限公司
版　　次	2025 年 3 月第 1 版 2025 年 3 月第 1 次印刷
开　　本	787 毫米 × 1092 毫米　1/32　印张 8.625
字　　数	149 千字
定　　价	68.00 元

目 录

"征途三部曲"总序 /i

登山卷 敢向山行

一、为什么登山？ /003

（一）华夏文明的登山活动 /003

1. 封禅祭祀 /004
2. 宗教修行 /006
3. 旅游休闲 /007

（二）军事战略高地 /010

1. 翻越阿尔卑斯山的"战略之父" /010
2. 帕米尔高原的"山地之王" /011

(三)人类生存的天然保障 /013

1. 独特的生存资源 /014

2. 天然的庇护所 /015

3. 夏尔巴人 /016

二、海拔挑战史 /019

(一)2000米：第一位知名的阿尔卑斯攀登者 /019

(二)4000米：现代登山运动的起源 /033

1. 登山运动诞生 /034

2. 阿尔卑斯黄金时代 /036

3. 马特洪峰悲剧 /037

(三)6000米：登山运动的流行 /041

1. 探索最高的火山：南美之最阿空加瓜山 /041

2. 挑战最冷的山：北美之最迪纳利山 /043

3. 登上"赤道雪峰"：非洲之最乞力马扎罗山 /044

(四)8000米：大山脉的征途 /046

1. 巨峰初探 /046

2. 喜马拉雅黄金时代 /049

3. 8000米之外新的挑战：Second 14 /055

（五）8848 米：珠峰挑战 /057

  1. 初次攀登与神秘失踪 /057

  2. 问鼎珠峰 /064

  3. 中国首次登顶 /067

（六）14+7+2：超越海拔极限的勇气 /074

三、登山往事 /078

（一）自由、平等、安全地登山 /078

  1. 山不在乎你是谁 /079

  2. 女性的攀登之路 /082

  3. 守护力量的演进 /090

（二）"铜臭味"的山 /098

  1. 从为国登山到商业登顶 /099

  2. 珠峰套餐 /101

  3. 珠峰大拥堵 /105

  4. 珠峰商业化的反思 /108

（三）高山传承 /117

  1. 登山的年轻人 /118

  2. 登山发展在中国 /122

  3. 向上的中国精神 /151

赛艇卷　静水激流

一、赛艇运动演进简史　/161

（一）1829：最具文化底蕴的水上赛事起航　/161

1. 赛艇历史文化的诠释——牛津剑桥对抗赛　/162

2. 贵族血统纯正的赛艇盛会——亨利皇家赛艇大赛　/167

3. "奥运奖牌工厂"——利安德俱乐部　/169

（二）1892：国际赛艇联合会诞生　/174

1. 世界赛艇运动领导机构——国际赛艇联合会　/175

2. 国际赛联两大代表性赛事——赛艇世锦赛、世界杯　/178

（三）2023：杭州亚运会首金"破茧"　/181

二、奥运赛场上的奖牌大户　/184

（一）"夹带私货"的顾拜旦　/184

（二）14枚奥运金牌的由来　/186

1. 奥运项目的变革与发展　/186

2. 历届奥运会金牌分布　/188

（三）莱茵河上的欧洲赛艇王国　/193

1. 竞技强国——德国　/193

2. 赛事胜地——瑞士　/196

3. "海上马车夫"的赛艇文化——荷兰　/201

三、美利坚的百年学府赛艇版图　/206

（一）哈佛校长和他的深红队　/206

（二）百年名校的赛艇队伍　/211

1. 斯坦福大学赛艇队　/212

2. 常春藤联盟赛艇队　/214

3. 华盛顿大学赛艇队　/224

（三）诺奖得主与奥运冠军养成记　/237

四、崛起的中国　/240

（一）新德里的辉煌起点　/241

1. 赛艇项目首次亮相　/241

2. 亚洲赛艇霸主——中国　/243

（二）竞技与普及共进　/244

1. 奥运战绩渐进突破　/244

2. 赛艇与城市共振共生　/246

(三)厥功至伟是王石　/248

1. 从极限运动爱好者到亚洲赛艇联合会主席　/248

2. 深潜 Deep Dive　/249

3. 赛艇链接绿色未来　/252

后记　/256

"征途三部曲"总序

一百年前的那个午后,珠峰北坡上部突然放晴,山脊由此变得清晰可见,乔治·马洛里和搭档安德鲁·欧文随之无可争议地创造了彼时世界攀登史上的最高纪录——海拔约8600米。正当两个小黑点向顶峰继续发起冲击时,扣人心弦的画面却又一次被裹进云雾之中……

这是他们生前出现在人们视线中的最后一幕。他们再也没有回来。

翻开现代登山运动的宏伟篇章,无论是霍勒斯-本笃·索绪尔、米歇尔-加布里埃尔·帕卡德、雅克·巴尔马特等国际公认的先驱一代,还是最早问鼎地球之巅的埃德蒙·希拉里和丹增·诺尔盖,抑或有"登山皇帝"美誉的首位"无氧"登顶14座8000米级山峰的莱茵霍尔德·梅斯纳尔,乃至迄今唯一一位健在的"14+7+2"(登顶14座8000米以上山峰及七大洲最高峰,并以探险的方式徒步滑雪抵达南北两极极点)壮举完成者张梁,每个人的成就都是一座不朽的丰碑,都为全球登山运动留下了浓墨重彩的一笔。但是,若论最具传奇色彩,则非乔治·马洛里莫属,他那句广为人知的"因为山就在那里"的名言,不仅颇有禅意地回答了为什么登山,更开启了一场持续至今的,气势磅礴、跌宕起伏、精彩纷呈的人类向上探索的征途。

一百年后的某个午夜,冲顶青海玉珠峰前夕,我辗转难眠。掀开帐篷,仰望星空,冷风拂面,思绪万千,灵感也飘然而至,就叫它"征途"吧。

"征途三部曲"的第一部《奔赴山河》,上下卷分别取名"敢向山行""静水激流"——这当然与马洛里和欧文相关。早于两人挑战珠峰的数百年里,或受到荣誉的驱使,或出于探索的好奇心,或仅仅为了享受攀爬本身的乐趣,西方登山者的足迹已遍布欧洲、美洲和非洲几乎所有知名的山峰,从中世纪意大利文坛巨匠弗兰齐斯科·彼特拉克登上隶属于阿尔卑斯山脉的旺图山,到维多利亚时期的英国登山健将爱德华·惠默尔等攻克险峻陡峭、技术要求极高的马特洪峰,再到非洲最高峰乞力马扎罗山、南美最高峰阿空加瓜山、北美最高峰迪纳利山相继于19世纪末和20世纪初褪去面纱,一段宏大的"海拔挑战史"也隐然渐成。

马洛里和欧文长眠于珠峰的第 29 年,人类终于站到地球制高点。1964 年,希夏邦马峰上的五星红旗迎风飘扬,更标志着位于喜马拉雅山脉和喀喇昆仑山脉的 14 座 8000 米级山峰不再神秘。

基于大历史观,从政治意味浓厚的封禅祭祀,到心虔志诚的求法修行,再到抒发胸臆的休闲跋涉和钻山研岳的旅游探险,展现着华夏文明深厚底蕴与传承之道的登山活动其实在中华大地上已扎根超过两千年。尽管无奈错过了"阿尔卑斯黄金时代""喜马拉雅黄金时代"的几乎所有辉煌,但中国登山人迎头赶超的速度和实力着实惊羡了欧美同行。新中国成立以来,先是 1960 年三前辈打破魔咒实现北坡登顶,接着 1975 年九勇士创下男女混合问鼎"万山之尊"人数之最,继而 2008 年北京奥运圣火闪耀顶峰,及至 2020 年测定 8848.86 米全新高程,这一系列雄壮至美的中国版珠峰传奇,无一不是现代登山运动舞台上的璀璨明珠。

过去四十年,全球范围内迎来了一轮史无前例的攀登热潮,商业登山取代"为国登山"快速成长,夏尔巴人迅猛崛起,欧美人仍是高海拔山峰探险的主力军,印度和中国客户的增长量也不容忽视。登顶珠峰依旧无上荣耀,但"虚荣之山""名利之山""欲望之山"的批判声也不绝于耳。伴随这轮热潮的兴起与持续，国内民间登山的星星之火虽暂未呈燎原之势，不过以开先河的北大山鹰社（高校社团的旗帜）、筑根基的西藏登山学校（向导培养的摇篮）、创奇迹的深圳登协（城市组织的典范）等为代表的民间力量，正在展示出超乎想象的澎湃动能，共同见证并推动着登山运动在中国的蓬勃发展，携手书写并丰富着属于全人类的登山征途故事。

回到马洛里和欧文的时代，相比登山，赛艇运动的受众显然要庞大太多，堪称西方最为流行的项目之一。尤其有意思的是，虽然挑战珠峰时两人是彼此信任、并肩作战的最佳搭档，但到了水上，却转为斗勇斗智、各为其主的"隔空"对手：马洛里和欧文分别是剑桥大学、牛津大学赛艇队的风云人物，都曾代表所在学校出战一年一度的牛剑赛艇对抗赛，只不过因为入学时间不同，并未于泰晤士河上当面过招。

更甚于大不列颠两所顶级学府间的百年赛艇恩怨，哈佛耶鲁赛艇争霸赛可谓美利坚高等教育领域历史上最悠久的校际体育赛事，而且哈佛大学选择深红作为学校标志色也与1958年查尔斯河上进行的一场史诗级赛艇比赛和三号位桨手查尔斯·威廉·艾略特有着千丝万缕的联系。如众所知，后者正是那位执掌帅印40年，带领哈佛大学从偏安一隅的传统学府跃升为全美一流高校，并为日后晋级全球顶尖名校奠定坚实基础的伟大校长。与此同时，作为当之无愧的美国高校赛艇运动鼻祖，耶鲁大学赛艇队的实力自然超群绝伦，例证之一便是马洛里和欧文攀登珠峰的当年，耶鲁赛艇健儿恰好代表美国出战巴黎奥运会，且仅凭一校之力就横扫群敌，斩获男子八人单桨有舵手比赛金牌。

不同于橄榄球、冰球等项目，即使明星球员缺席也有可能获胜，赛艇运动尤其是八人单桨有舵手比赛的制胜前提是，在提桨、拉桨、按桨、推桨动作的不断重复中，十六只手臂和十六条腿拉伸弯起整齐划一、八支桨入水出水毫厘不差、八个身体前倾后仰同频同幅，如若任何一人的任何一个动作不够完美，都会对结果产生致命冲击。于行进在静水赛道中的赛艇战队而言，当每个人心无旁骛、所有人心心相通、艇桨人融为一体的时候，一场催人奋进、直击灵魂的运动交响乐就会奏起。1924年的耶鲁赛艇队如是，1936年的华盛顿大学赛艇队更如是——九位来自西部的贫困男孩一路过关斩将，时刻彼此信任，以坚不可摧的意志创造了体育史上合作逆袭、绝地重生的奇迹，以永不言败的精神点燃了整个世界微弱将灭的希望之火，让大萧条时代艰难度日的人们重新燃起直面苦难、笑对生活的勇气。

较之登山,这种征途,虽非向上超越,却同样青春热血,虽难俯瞰大地,却同样朝气万丈。如今,赛艇运动已不是欧美的独角戏,除了在奥运赛场上"升国旗、奏国歌",我国以深潜、和鹭、清泉盛京等为代表的民间赛艇俱乐部不断开疆扩土,全民"亦可赛艇"正从路人宣传语变为身边大趋势。

"征途三部曲"的第二部《跑者无疆》,聚焦当下席卷全球的马拉松浪潮。平心而论,在疫情结束前,我自己和认识我的人,都没想到我这样一个资深宅男会迷上跑步,而且步履不停,东西南北中,跑完了若干马拉松。

为什么要跑步?因为跑步是最快速的治愈方式。跑起来,无论快与慢、长与短、独与众,曾经的痛楚、长期的苦闷、今朝的彷徨,都烟消云散于跑者的时空。它可以帮助我们穿过密布阴云,与自我和解;帮助我们冲破思想藩篱,与趋势共振;帮助我们跨越周期鸿沟,与时代同行。

为什么要跑步?因为跑步是最快乐的成长方式。这种快乐,不是简单满足欲望的多巴胺,而是先苦后甜的内啡肽。跑起来，让我们更认清现实，但不曾改变热辣滚烫的初心；跑起来，让我们更崇尚科学，但丝毫不减敢于冒险的担当；跑起来，让我们更敬畏规则，但始终葆有革故鼎新的勇气。

为什么要跑步？因为跑步是最惬意的生活方式。跑起来，年轻人会活力四射，勇于追梦，不再年纪不大就老成得令人惊诧；跑起来，中年人可壮志凌云，胸怀天下，不再刚过四十就油腻和思维固化；跑起来，老年人能举重若轻，笑看风云，不再遗憾世界那么大却还没有出发。

至于马拉松，作为一种长距离跑步形式，即便挑战重重、完赛不易，也大可不必谈之色变，定要视其为洪水猛兽。因为英雄传令兵斐迪皮德斯从马拉松一路飞奔约25英里（40公里）将胜利的喜讯放声传递给雅典民众后力竭身亡的故事，虽在一定程度上源于史实，却不乏自设情节，加之被断章取义，所以长期以来令马拉松运动充满争议。当我们仔细翻看"历史之父"希罗多德撰写的巨著《历史》和后世的严谨文献，便不难发现，在马拉松战役中，斐迪皮德斯的实际奔跑距离（往返雅典和斯巴达）超过惊人的300英里（482公里），远非现代全程马拉松的42.195公里可比，且关于斐迪皮德斯因跑步而亡的信息更是无迹可寻。

谜底揭开，我就放心地跑起来，从最初的 3 公里、5 公里到 7 公里、10 公里，然后 15 公里、半程马拉松，再到 30 公里、35 公里和全程马拉松。

放眼世界，波士顿马拉松、伦敦马拉松、柏林马拉松、芝加哥马拉松、纽约马拉松、东京马拉松和悉尼马拉松七大满贯赛事无疑让全球马拉松人心之向往，梅多克红酒马拉松、撒哈拉沙漠马拉松、名古屋女子马拉松等同样引万千跑者竞折腰。

近观国内，无可替代的北京马拉松、此生必跑的无锡马拉松、永不止步的厦门马拉松和魅力四射的上海马拉松、广州马拉松、武汉马拉松、重庆马拉松、杭州马拉松、兰州马拉松、西安马拉松、南京马拉松、衡水湖马拉松……不过十年时间，数以百万计大众跑者的激情竞逐已让马拉松赛事遍地开花，马拉松运动火爆全国。

一场史无前例、超乎想象、纵横无疆的马拉松征途正燃起。

"征途三部曲"的最后一部《逆风前行》，解锁自行车二百余年的跌宕起伏路和车轮上的经典赛事、大国大城与风云人物。历经德莱斯双轮木马、米肖自行车和便士法新三个艰难探索阶段,第一款真正意义上的现代自行车——罗孚牌"安全型"自行车终于在 1885 年问世,并凭借约翰·博伊德·邓禄普和米其林兄弟(爱德华·米其林与安德烈·米其林)发明的充气轮胎加持,迅速走向世界各地。首位诺贝尔奖女性得主,也是全球第一位两获诺奖的科学家玛丽·居里可谓现代自行车的早期拥趸,1895 年,她和丈夫皮埃尔·居里就是以骑自行车旅行的方式庆祝新婚,甚至怀孕 8 个月时,依然在骑行。

晚于居里夫人 32 年出生的"文坛硬汉",有着"美利坚民族的精神丰碑"之称的欧内斯特·米勒尔·海明威在巴黎"法漂"期间,同样疯狂地爱上了自行车,不仅习惯穿着如环法自行车赛运动员一样的条纹上装,把头埋在车把中间,两膝齐耳地用劲骑行,还时常靠打拳赚取的微薄收入走进自行车赛场,一连看上几天的比赛,甚至吃住不离看台。他曾这样描述第一部长篇小说《太阳照常升起》的创作历程:开始时非常困难,就像骑自行车上坡一样,写了一本又一本笔记,临近结尾时,终于找到冲刺的感觉。

挨过 20 世纪中叶前后约 60 年的低迷期,"穷人座驾"率先在欧美翻身为"潮流之选"。荷兰与丹麦晋升为全球公认的自行车王国,意大利的"一王四后"历久弥新,山地车和小轮车风靡北美，三大环赛与五大古典赛渐受国人关注，骑行遂成比肩马拉松的炫酷中国风。

骑行的魅力到底何在？

骑行让我们学会保持乐观。乐观不是高光时气吞山河，而是低谷时持续拼搏；不是顺境时意气风发，而是逆境时不被击垮；不是成功时激扬天下，而是失败时斗志倍加。坚持骑行，让我们从悲观主义变成乐观主义，从短期主义驶向长期主义，从知难而退转为知难而进。悲观者不错，因为短期来看，骑行是痛苦的，一次骑行也改变不了什么；乐观者正确，因为长期来看，骑行是值得的，一直骑行定会迎来人生的转机。

骑行让我们依旧胸怀理想。物质越丰富，理想越稀缺。"没有理想的人不伤心"，因为在物欲横流、阶层固化的水泥森林里，放弃奋斗、选择躺平简单又轻松；有理想的人不怕伤心，因为内省独立从来不易，改变世界历来艰难。没有理想的人心甘情愿，因为请"有用的朋友"吃顿饭、陪"有权的领导"打场牌的利益预期可以量化；有理想的人内心丰盈，因为找有趣的朋友撸个串、与有才的兄弟喝杯茶的精神收益足够厚重。在老气横秋的世界里，选择骑行就是致青春；在世俗利益的格局中，坚持骑行便是克心魔。

骑行让我们归来仍是少年。少年智则国智，少年富则国富，少年强则国强，少年独立则国独立，少年自由则国自由，少年进步则国进步。近代中国思想文化的旗手和执牛耳者梁启超124年前的《少年中国说》，放至今日仍振聋发聩。踏上脚蹬，风驰电掣，老夫聊发少年狂。骑行人都有少年心气，那就是乐于尝试、敢于创新、永不服输，而非屈服于起点不公，甘心做个无趣、不争的平庸者。骑行让我们不至于被粗粝的现实打磨掉难能可贵的少年心气，让我们归来仍是少年。

骑行的征途，逆风而进，自闪光辉。

"征途"，诞生于2024年8月的一个凌晨；征途，开始于你我决定开始的那一刻。

登山卷

敢向山行

一、为什么登山？

在人类历史的大部分时间里，古希腊人都把高山留给诸神，因畏惧而不敢打扰这"众神之家"；在印度教和佛教中，高山代表圣洁的庇护所，久久吸引着世代虔诚的宗教信徒；我们的祖先则怀着崇敬与感恩之情，登高朝拜，踏山而歌。如奥林匹斯山、湿婆山、泰山等因此得以长时间与普罗大众保持着相对较远的距离。

不过，无论在何种文明之下，为了生存、繁衍、进步、发展，那些最具智慧与勇气之人，始终在尝试对山岳的探索。与此同时，随着文字的诞生，也让我们有机会在数千年的宗教、政治、军事与民俗等活动长河中，窥览现代登山运动的雏形。

（一）华夏文明的登山活动

尧舜以降，在中华先民的精神世界里，对山岳怀有两种朴素的情感：一是感激与依赖之情——山中丰富的自然资源可以满足早期人类的某些生存需求；二是畏惧与崇敬之情——直入云霄的巍峨巨峰使古人欲攀不能，望山兴叹。高山之巅虽不能至，却心向往之，由此在先民社会中慢慢产生了求山的各式活动，人们期望通过祈求山岳，为世间降予福祉、驱除灾厄——商代甲骨卜辞对求问山神降雨和收成的记载便是例证。

1. 封禅祭祀

历史车轮缓缓向前。如果说春秋战国时代的遥望而祭，无须攀登高山，那么秦汉时期，中央集权的统一王朝建立后，为了体现"皇帝受命于天"的深意、巩固政权的统治，帝王亲临山岳祭祀，就成了较为主要的登山形式，经历代相沿，又演变为一项神圣庄严的国家级祭祀典礼。

自秦始皇登封泰山，汉武、光武及后代帝王多陆续遵行，作为"五岳之首"的泰山，便成为举行封禅典礼的"正宗之地"。《史记》中就有对秦始皇一行登山、祭祀和气候变化的详细描述：秦始皇让人开辟了车道，从南坡登上山顶，刻石颂扬自己的功德，彰显封于泰山的资格。之后，他们从北坡下山，在梁父山举行禅礼。一行人在下山途中遭遇暴风雨，只好躲在树下避雨，并为那棵树封官爵"五大夫"。

东汉开国皇帝刘秀也有登泰山的封禅活动，在马第伯的《封禅仪记》中有对攀登过程生动细腻的描述：他们入山时骑马而行，但随着山路逐渐陡峭，不得不下马步行，然后骑一会儿、走一会儿，穿插着向山顶进发。当遭遇狭窄的险路，就得两个随从搀扶着，前面还有人拉着攀爬。这路有多陡峭？马第伯写道，后面的人只能看到前人的鞋底，前面的人也只能看到后面人的头顶，仿佛叠罗汉那样。旅程刚开始，人们还能走十多步停一停，后面体力消耗得厉害了，喉咙、嘴唇干渴得像火烧一样，便要走五六步就歇一歇。实在太累了，就磕磕绊绊地跌坐在地上，而不管多么阴冷潮湿，哪怕前面就有干燥的地方，也只能眼睁睁看着，两腿却怎么都挪不动了。此外，刘秀一行人还用到了一些物资器具，如以绳索作为攀岩助力的工具（"往往有缒索，可得而登也"），并携带便于运输、不易腐坏、能提供更多能量的酒和肉干来补充体力（"亦赖斋酒脯"）。

其实，封禅之地并非仅有泰山。在唐代，中岳嵩山似乎就大有取而代之的势头：唐高宗曾三次拟封嵩山，虽然因故都未能成行；武则天在登基之后亲临中岳，成功举行了封禅。除了嵩山，唐玄宗曾计划封禅于华山，清朝康熙帝则遣官员前往长白山祭拜。如是表明，封禅大典也在泰山之外的其他地方上演，但无论历代帝王偏爱哪座山，攀登山岳的祭祀、封禅仪式，无疑是古代登山活动的重要形式。

2. 宗教修行

除了帝王封禅，随着宗教的发展，"修行"成为另一种登山动因。东汉道教初创时期，道士进山修行就形成了一定的规模；到了南朝时期，民间入山求道的活动已蔚然成风，《南雍州记》有记载"武当山……学道者常百数，相继不绝"，足见当时登山的盛况。随着佛教的传入，三国魏晋、隋唐时期出现了僧人翻山跋涉、向域外求经问道的登山实践，也是宗教性登山活动的重要内容。其中，唐玄奘西行求法的事迹更是家喻户晓，堪称全球徒步旅行界的先驱。

玄奘所遭遇的山峦险境，于《大慈恩寺三藏法师传》中有着生动的描写。他在翻越凌山（今新疆别迭里山口）时，对此地的极端体验颇为深刻：这里山高与天相接，山路陡峭崎岖，风雪低温使人即使穿着厚重的衣物，仍"不免寒战",潮湿得连饮食就寝,都"无燥处可停"。七天后才出山,旅途之中饿死、冻死的人"十有三四"。《大唐西域记》中还将暴风雪的遭遇神话为"暴龙"作怪,所谓"暴龙"实为古人对雪崩无法理解的一种解释,更强调了山岭随时夺人性命的凶险。

除了极寒暴雪,"高山病"也是攀爬山川时的生存挑战。《大唐西域记》所载的西域古国罽宾(今克什米尔),从中土前往时通常要取道葱岭(今帕米尔高原)天险。《汉书·西域传》里记录了官员杜钦对前往罽宾的描写,其中提到名为"大头痛"和"小头痛"的两处山岳,此称显然来源于当时旅者的高原反应——路过这里的行人会出现剧烈的头痛、头晕、呕吐症状,牲畜也是如此。有学者认为,"大头痛山"对应的是海拔4827米的喀喇昆仑山脉的基里克山口,"小头痛山"则是海拔4200米的汗拉·那巴提山口。

如今来看,玄奘的西行征途,不仅揭示了早期求佛之路的艰辛,也为我们展现了旅者在挑战山川时的直观体验,更让这场传奇的远足旅行,成为后世探险家的精神启蒙。

3. 旅游休闲

相较因封禅祭祀、修行求法而登山的高冷小众,文人墨客通过寄情山水来抒发胸臆显然更接地气。曹操在远征乌桓凯旋的归途中,写下"东临碣石,以观沧海。水何澹澹,山岛竦峙"的名句,不仅描绘了登上山顶、居高临海所俯瞰的壮丽景观,也隐隐展现了他政治上的远大抱负。诗人谢朓的《游敬亭山》开篇就是"兹山亘百里,合沓与云齐"的雄壮写实,继而则借山景抒发厌倦尘世荣禄、静享山川自然的感慨。《登大雷岸与妹书》中的"南则积山万状,负气争高,含霞饮景,参差代雄……基压江潮,峰与辰汉相接……寒暑难适,汝专自慎,夙夜戒护,勿我为念……",既表达了作者鲍照离家赴任、远途跋涉的凄怆心情,也饱含着对亲人的挂念和关爱。被誉为"山水诗之祖"的谢灵运一贯喜好游山陟岭,但凡游山定要探寻最为险峻幽深的地方,即便有重峦叠嶂、沟壑纵横的挑战,也必不畏险阻地游遍每一处。他登山时常会穿上前后齿可装卸的木屐,上山时去掉前面的鞋齿,下山时则去掉后面的鞋齿,从而方便行走山路。这一巧妙的设计被后世称为"谢公屐"或"灵运屐"。返乡隐居后,谢灵运更是挥笔写就著名的《山居赋》。

进入唐代,"春日踏青,秋日登高"的流行,使登山渐成观光郊游、休闲娱乐的享受,文人游历的山岳遍及秦川蜀道、大江南北。"诗仙"李白每逢攀登必豪迈赋诗，留有《望庐山瀑布》《登太白峰》《独坐敬亭山》《峨眉山月歌》《望天门山》等多首传颂至今的千古名篇。"诗圣"杜甫游历泰山、华山、衡山时创作的三首《望岳》皆为上品，其中最广为人知的便是"会当凌绝顶，一览众山小"。

到了明清时期，休闲性质的登山活动日益成熟，更多的山岳得到开发，登山旅游变得频繁起来。与之对应，山岳游记、山志等应运而生。其中，《泰山小史》《泰山纪胜》都是关于泰山研究不可多得的早期珍贵著作，《广雁荡山志》可谓传统雁荡山志的集大成者，《崂山志》则因详细记载了崂山的著名景点、宫观建置、历代隐士高僧、地方风物、奇闻逸事等，有"崂山第一书"的美誉。

同时，登山游览活动初露"专业化"特征。例如，胡三省为《资治通鉴》作注时提到的"钉鞋"，描述其"以皮为之，外施油蜡，底着铁钉"，这与现代的登山靴有着类似的功能。又如，明代旅行家、探险家徐霞客有一次游历黄山时恰赶大雪封山，从慈光寺向上石阶均被积雪掩埋，且愈往上攀积雪愈深，不少背阴之处雪已冻结成冰，坚硬而溜滑，不易踩稳，稍有不慎，就会坠入深渊。为此，他展现了自创的"攀冰"技能，"持杖凿冰，得一孔置前趾，再凿一孔，以移后趾"，最终得以顺利通过。

从政治意味浓厚的封禅祭祀，到心虔志诚的求法修行，再到抒发胸臆的休闲跋涉和钻山研岳的旅游探险，中国古代登山活动就这样于潜移默化中展现着华夏文明的深厚底蕴与传承之道，并终在几十个世纪的征途后与大众渐行渐近。

（二）军事战略高地

回顾现代社会到来前的数千年漫长军事史，山地在战争中都被视为绝佳的防御屏障。两军交战，对攻方而言，哪里有山地，哪里就是突破的难点，但如果征服了它，就能达到出奇制胜的效果。

1. 翻越阿尔卑斯山的"战略之父"

公元前218年，迦太基与罗马的战争（第二次布匿战争）一触即发。考虑到罗马海军力量优势明显，迦太基领袖汉尼拔·巴卡（Hannibal Barca）决定绕过地中海，从陆地直接进攻意大利半岛，大规模军队翻越阿尔卑斯山的最早纪录由此诞生。

汉尼拔率领9万名步兵、1.2万名骑兵和37头战象，在翻山越岭的过程中，不仅遭遇了严酷的低温、陡峭的山路，冻得坚硬的冰层也常让牲畜的蹄子粘于冰面。一路上，他们不得不用火、醋和铁棍来破坏岩石以通路，但仍有大量步兵失足摔死，上百头满载物资、军粮的驴子跌落山下。同时，疾病、饥饿以及当地部落的攻击等，也让迦太基军队损失了大量兵力。最终，除了后来建立奇功的大象全部活了下来，仅有2万步兵和6000骑兵幸存。

尽管迦太基军队在翻越阿尔卑斯山时"消耗"极大，不过，由于罗马人对汉尼拔的作战方案以及到达之快始料未及，后者还是得以大败老西庇阿，随之直插罗马帝国的心脏。汉尼拔的这次伟大奇袭堪称历史上最著名的行军之一。直到千年后，查理曼大帝和拿破仑才成为另外两位率军队越过阿尔卑斯山的著名人物。

2. 帕米尔高原的"山地之王"

从某种意义上说，唐朝将领高仙芝征讨小勃律之战的成就，足以媲美汉尼拔的第二次布匿战争：前者的行军路线和战场阵地都在平均海拔4000米以上的帕米尔高原，而后者只是翻越了阿尔卑斯山，却没在高山上开展斗争。

小勃律国在今天的巴控克什米尔吉尔吉特，虽是弹丸之地，却是吐蕃从西边进入西域的唯一通道，即"唐之西门"。为了控制西域，吐蕃多次联合中亚势力攻打小勃律，企图由此征战大唐。开元二十四年（736年），不顾唐玄宗的警告，吐蕃攻破了小勃律，并为其国王进行册封与和亲，葱岭以西的二十多个小国忌惮吐蕃的威慑，也一同归顺。天宝六载（747年）四月，唐玄宗命安西副都护高仙芝率步骑一万人讨伐小勃律，发动了横越帕米尔高原的远征，此役在《旧唐书》中被精彩地记录下来。

如众所知，帕米尔高原由天山山脉、昆仑山脉、喀喇昆仑山脉和兴都库什山脉等交会而成，山地海拔基本高于5000米，山间盆地也少有海拔3000米以下的。从地理位置上看，小勃律属于典型的易守难攻。

高仙芝先从西安出发至拨换城（今新疆温宿），抵达特勒满川（今塔吉克斯坦霍罗格）后分兵三路，一起围攻小勃律国的军事要塞——连云堡（今阿富汗东北的萨尔哈德）。连云堡修建在山峰上，是由山城堡垒和山脚营寨构成的严密、坚固的防御要塞。然而，令吐蕃守军意外的是，唐军居然从悬崖绝壁爬上去，又居高临下地冲进来，如天降神兵般攻下连云堡，斩首五千级，俘虏千余人。至此，高仙芝部队在高原上行军约百日，穿越近三千里，打赢了远征中最大的一场硬仗。

收复连云堡,将吐蕃赶出葱岭,高仙芝下一步就要翻越兴都库什山脉,收复小勃律。然而,当时已是七月中旬,瓦罕走廊(位于帕米尔高原南端和兴都库什山脉北东段之间)即将大雪封山,高仙芝不敢耽搁,经过连续三天的长途奔波和攀冰踏雪,登上了此次远征中最艰险的路段——坦驹岭(今巴基斯坦北部)。坦驹岭是兴都库什山脉的险要山口之一,海拔4600米以上,行军环境极为艰难,高仙芝率军在此行军四天。或许已经得知连云堡主力军的溃败,唐军又即将翻过天险,还剩最后一天山路时,小勃律的阿弩越城向唐军开城投降。随后不久,小勃律国王与其妻吐蕃公主不得不向大唐臣服。

这场翻越帕米尔高原、行军数千里的远征胜利,让大唐再次威震中亚。虽然关于其所率部队如何爬上雪山、是否经历了高原反应等挑战已无从考证,但并不妨碍高仙芝被当时西域各国冠以"山地之王"的称号。

(三)人类生存的天然保障

就多数人而言,相对于更宜居的平原和丘陵地带,山地环境往往意味着更大的生存挑战。不过,古往今来,总有那么一部分群体,对高海拔地区情有独钟,甚至世代以高山为伴。在他们看来,高地并非意味着贫瘠,而是富藏资源;山区也非危险之处,反能成为避难之所。

1. 独特的生存资源

人类对太平洋沿岸高海拔栖息地的利用和季节性居住的历史,可以追溯到数千年前,并由此形成了特征鲜明的高山生态系统。例如,北美西部的原住民偏爱生长在高海拔地带的药用植物,因其具有十分显著的疗愈效果。与此同时,高地盛产的可食用根茎和浆果也具有更浓郁的风味,羊、熊、鹿、土拨鼠、山鸡等则为当地居民提供了多样性的狩猎资源。虽然原住民通常不会在冬季或早春时进行登山补给,但当低地动植物资源匮乏时,高山资源的重要性就会凸显出来。

矿产资源有时亦是山地的专属福利。世界上最古老的盐矿哈尔施塔特盐矿(Salzwelten Hallstatt),从新石器时代起,就见证了人类对山盐的开采活动。位于奥地利的哈尔施塔特盐矿原本是一片海洋,随着时间推移,海水逐渐蒸发,盐结晶慢慢沉积下来。大约一亿年前,地壳活动让阿尔卑斯山从两侧隆起，将这片海盐夹在了山体之间，使哈尔施塔特形成了一个巨大的天然盐矿。作为珍贵的调味品、防腐剂以及重要的贸易物资，哈尔施塔特"白金"的价值不言而喻，而大量矿工们登山采盐，既促进了当地小镇的经济繁荣，又为维也纳皇室创造了巨额的财政收入。

除了直接获取丰富的各类资源，人们还利用高山进行畜牧活动。早在青铜时代，高山农牧业就于阿尔卑斯山脉沿线发展起来。人们会在夏季登山，进入高海拔地区放牧，以节省低海拔地区肥沃却紧缺的耕种土地和生活用地，牲畜则把山上的天然草地作为饲料来源。这种模式无疑高效地解决了居民对奶制品和肉类生产以及牲畜繁殖的需求，推动了农业和畜牧业的融合共生。尤为值得一提的是，因独特的高山养殖方式，长久以来，阿尔卑斯山区产出的奶制品都誉满全球。据说，早期的登山者在攀登前通常会在露营地美美地饱餐一顿奶酪火锅。

2. 天然的庇护所

对世界各地的山区居民来说，山脉在政治与精神上的守护都是永恒的主题。就前者言，高山是国土安全的重要保障，山顶或山脊常作为理想的防御工事，用于建造抵御外敌的堡垒。从后者看，不少宗教都将高山视为精神的庇护所，如藏传佛教中就有"秘境"的传说——为修行者与迷失之人提供安宁的圣地。

南美的安第斯山脉（Andes Mountains）、北美的阿巴拉契亚山脉（Appalachian Mountains）、墨西哥的西马德雷山脉（Madre Mountains）曾在土著部落抗击殖民者入侵过程中发挥了重要作用。利用复杂的地形、难逾越的峭壁、隐蔽性高的山洞，武器落后的美洲原住民让装备精良的侵略者锐气大减。

夏尔巴人（Sherpa）的祖先则因战争和灾害，约于16世纪中叶逃亡至尼泊尔昆布（Khumbu）一带，并沿着喜马拉雅山脉分散迁徙，最终定居中国及南亚诸国的高海拔地区。对夏尔巴人来说，喜马拉雅山脉不仅为他们提供了生存的土壤，更带来了精神上的慰藉。他们在高山的守护下坚韧而平淡地度过了近四百年，但从1920年代开始，珠峰地区的夏尔巴人开始因超越常人的高山生存技能而被历史赋予了新的使命。

3. 夏尔巴人

夏尔巴人是生活于中国、尼泊尔、印度等国边境的跨境族群，在我国尚属于未识别民族。其大多居住在海拔3000米以上的喜马拉雅地区，常年面临着极端的生存挑战，如稀薄的空气、刺骨的寒冷、强紫外线照射、大昼夜温差等。不过，经历几个世纪的与山为伴，夏尔巴人早已适应了高海拔生活，并能够通过农牧业生产来满足基本的生存需要。当然，也有部分夏尔巴人翻山越岭从事商贸活动。

常年在高山上的艰苦劳作，赋予了夏尔巴人强悍的攀登实力——不但躯干健硕、肺活量惊人，还有着与海拔相适应的血压，能够有效应对高原的寒冷和缺氧环境。加之对喜马拉雅区域地貌和气候了如指掌，当欧洲探险队、科考队纷纷涌入昆布时，他们很快成为登山者不可或缺的强大外援。

虽然被称为"登山向导"，但夏尔巴人承担的工作远不止于此。每年4、5月和10月登山季来临，在海拔数千米的山间，一身专业行头的登山者们尽管轻装上阵，却普遍会气喘吁吁、头痛欲裂，所以像建设营地、插放路标、处理冰缝、搭建攀援梯、铺设安全绳等工作实际都需要夏尔巴人来处理，他们甚至还要冒着生命危险，在峭壁间清理探险队留下的垃圾。

夏尔巴人的高山工作能力到底有多强悍？登山作家亚

瑟·韦克菲尔德（Arthur Wakefield）曾如此描述："这是老人、妇女、男孩和女孩组成的花花绿绿的搬运队伍……在海拔6000米之上，他们背着80磅的器材却能攀登自如，一些妇女甚至还背着孩子！……晚上，这些'高山搬运工'睡在帐篷外边，只找一块大岩石挡风，似乎并不在乎夜里零摄氏度以下的低温。"

擅于高海拔工作的夏尔巴人，已逐渐适应了西方人带来的新工作，戈尔特斯（GORE-TEX）登山服代替了传统长袍，士力架（SNICKERS）能量棒也像耗牛油一样普遍了。1960年，尼泊尔的人均GDP仅仅50美元，而夏尔巴人只要登一次珠峰，就能收入天文数字：上千美元。他们用新工作的收入兴建医院和学校，供子女去首都加德满都上学。登山旅游带来的客栈、商铺等成了另一项经济来源，而过去的农耕、放牧之类的事务则可由雇工去完成。如今，"夏尔巴"已不仅仅指代一个族群，还是一个工种的代称——奔赴喜马拉雅山脉的游客们会把高山工作者都称作夏尔巴人，即使他们可能来自别的族群。

随着全球范围内登山热度的持续提升，夏尔巴人的神秘面纱也开始缓缓掀开。在本书攀登珠峰的部分，我们会讲述更多关于夏尔巴职业登山者的故事。

二、海拔挑战史

社会生产力的进步与生活方式的转变,慢慢拉近了高山与大众的距离。或受到荣誉的驱使,或出于探索的好奇心,或仅仅为了享受攀爬本身的乐趣,登山的队伍日渐庞大。从欧洲到美洲,从非洲到亚洲,乃至大洋洲、南极洲,登山的边界日趋广阔。与此同时,随着留下足迹的海拔越来越高,人类在不断向上探索的征途中,也写就了一段宏大的"海拔挑战史"。

(一) 2000米:第一位知名的阿尔卑斯攀登者

欧洲文艺复兴先驱弗兰齐斯科·彼特拉克(Francesco Petrarca),曾在1336年登上隶属于阿尔卑斯山脉的海拔1912米的旺图山(Mont Ventoux)。作为中世纪意大利的文坛巨匠,彼特拉克以十四行诗著称于世,与但丁、薄伽丘合称为"文学三杰"。他因重读《罗马史》有感,也为了却多年心愿而登山,并将全程所思所悟留于一封写给朋友的知名信件(见专栏1)中。

在信里,彼特拉克讲述了与弟弟结伴而行的攀登心路:他多次因体力不支、走入歧途而懊恼,却又在屡屡受挫之后鼓舞自己,重新启程;最终,成功立于高山之巅,俯瞰马赛湾、罗恩河,眺望远处的塞文山脉。壮丽的景色不禁使之思绪万千,思念起自己的朋友与家乡意大利;信手翻开随身携带的《忏悔录》,则顿然醒悟——原来真正的高山,抑或真正需要认识和征服的对象,不是任何外界有形的存在,而是"我"的内心!

6个多世纪前,高山的乱石险路与天气的变化莫测并不能让人心情愉悦。除了生活在山区的居民,外界对阿尔卑斯的形容多与死亡联系在一起。彼特拉克由此声称,其是为了纯粹的探险、欣赏自然美景而登山,并非出于军事或经济的需要。尽管他的记述受到一些现代学者的质疑,但彼特拉克攀登旺图山的事迹常常被后人引用,作为探讨文艺复兴时期"新精神"的重要贡献——即在自然中发现审美价值。

登旺图山是彼特拉克个人生命史中的一个重要事件,也为欧洲带来了文艺复兴的一缕曙光。这次攀登,还使他成为第一位知名的阿尔卑斯攀登者。

专栏 1　登旺图山

致巴黎神学教授、圣奥古斯丁修会成员弗朗西斯科，关于他的困境。

今天我登上了当地人不无道理地称为"风顶"（the Windy Peak）的本地第一高峰。我做这件事不为别的，只是为了欣赏山顶的巍峨。从事这项探险是我多年来的心愿。你知道，我从幼年时期起即在这一带辗转，就像命运在人事中辗转出现一样，而这座远远可见的山峰总是进入你的视线。因此我最后下定决心去完成我一直想做的事。我当时正在重读李维写的《罗马史》，其中一段说到马其顿国王菲力——即向罗马人发动战争的那个菲力——"登上了色萨利（Thessaly）的海姆斯山（Mount Haemus），因为他相信这个说法，即从山顶可以看到两个海：亚德里亚海和黑海"。我不知他的说法是否正确，因为该山远离我们所在的地区，历代记载也莫衷一是，令人难以取舍。我不想列举全部：宇宙志学者彭波纽斯·梅拉（Pomponius Mela）毫不犹豫地宣布它是真的；李维认为这个说法是假的。如果那座山能像本地的这座山一样易于探索,我是不会让它长久存疑的。无论如何,我最好是放下这个问题,以便回到我一开始提到的那座山。在我看来,一个不担任任何公职的年轻人做一名年老的国王做过而未曾受到谴责的事,应该是可以获得谅解的吧。

现在我开始考虑选择何人作为我的同伴。在我看来,我的朋友中几乎没有一个人在各方面都完全适合,这也许会让你感到奇怪:即便是最亲密的朋友,在一切态度和习性方面都完全意气相投也是极其罕见的。这一个过于懒散,那一个过于活跃;这一个过于迟缓,那一个过于急躁;这一个过于阴郁,那一个过于开朗。和我喜欢的性格相比,这一个过于呆滞,而那一个过于活络。这一个沉默寡言,另一个飞扬轻浮,第三个人又肥又重,而第四个人既瘦且弱,这些因素都让我难以取决。这个人缺乏好奇心,而那个人又好奇心过重,二者都难尽人意。所有这些特性,不论多么难以忍受,在自己家里都不成问题:真挚的友谊能够忍受一切;它不拒绝负担。但是在旅途中它们就难以容忍了。于是,我的敏感心灵,出于对真诚乐趣的渴望而不是对友谊心怀不满,仔细考察并忖度了一切细节。它默默拒绝了计划出行中能预见到的一切麻烦。我认为我做了什么？最后我求助家人，向我唯一的兄弟——他比我年少，并且你对他也有足够的了解——披露了我的计划。他听了我的计划后再是欢喜不过，很高兴作为兄弟兼朋友随我出行。

我们在说好的那一天出发，并于当晚抵达马洛塞纳。这个地方位于旺图山北麓。我们在那里待了一天，今晨开始登山，每人随身带着一名仆人。从一开始我们就遇到了很多麻烦，因为山势陡峭，几乎无法接近。尽管如此，那位诗人的话很是恰切："坚定不懈地奋斗克服一切。"

这一天白天很长，风也温柔，这和跃动的心灵、强壮而灵活的身体等等都一路伴随着我们的攀登之旅。唯一的障碍是当地的自然环境。我们在大山深处遇到一名老牧羊人，他花费了许多口舌劝说我们放弃登山。他说自己50年前以少年激情登上最高峰，结果只带来悔恨和痛苦，他的身体和衣服都被岩石荆棘扯破划伤了。此前和此后都再没有听说有任何人做过类似的冒险。尽管他冲我们大声嚷叫，我们反倒因为他的警告而更加渴望登顶了：原来年轻人的心理是不肯听人劝的。这名老人看到他的劝告无济于事后，还陪着我们向前走了一小段山路，并指给我们一条陡峭的登山小径。他给了我们很多好的建议，并在我们走出相当远的距离后还朝着我们的背影反复叮咛。我们把自己的衣服以及其他不便于携带的物品都送给了这位老人,一心登临绝顶,并且生龙活虎地出发了。然而,就像几乎总是会发生的那样,开始时的跃跃欲试很快就被接踵而至的疲劳代替了。

我们在离出发地不久的一处山岩停了下来。从那里我们继续前进,但无可否认,我们的脚步放慢了,尤其是我,登山的步伐较前大为收敛。我的兄弟努力从一条近道上的山脊处出发登顶;我则由于身体较弱,朝着山谷走了下去。他叫我回来并指给我一条更好的路;但我回答他说,我希望在另一头找到一条更好走的路,而且只要好走就不怕路远。我试图用这样的借口掩饰我的怠惰,可是当其他人已经走到更高处的时候,我仍在山谷间穿行,并没有发现任何好走的路,只是路越来越漫长,人也无谓地越来越疲劳。最后我感到厌烦至极,开始懊悔误入歧途,并决定全力攀越高峰。我劳累不堪地回到了兄弟身边。他一直在等我,并已经美美地休息了很长一段时间而恢复了精神。我们以相同的步速走了一阵。然而,我们刚刚走过那处山岩,我就忘记了方才所走的弯路,又一次走向较低的区域。我重新穿越山谷寻找更长也更好走的路,结果再次陷入了更大的困境。就这样，我的确推迟了登山的辛苦和不快。但是自然不为人类的设计所征服，有形的事物不可能通过下降而达到高峰。我能说什么呢？我的兄弟笑话我，我很恼火——这种情况在几个小时里接二连三地发生了很多次。

我的希望屡屡受挫，最后干脆在一个山谷中坐了下来。在那里我思绪纷飞，从有形的事物想到无形的事物，并这样和自己说："你必须知道，你今天在登山时多次遇到的情况不仅发生在你身上，也发生在其他许多朝向幸福人生（the blessed life）行进的人身上。这一点不易被我们人类所理解，因为身体的活动敞然可见，而心灵的活动无法看到也不为人知。我们称为幸福的生活存在于最高峰顶，他们说'一条窄路'通向它。许多小山拦住了去路，我们必须'从一种美德到另一种美德'向上攀登。终点在最高处，那就是我们朝圣旅行的目标。所有人都想去到那里。但如纳索（Naso）所说：'想望是不够的；始终企盼方能心想事成。'你当然不仅是想望，你是在企盼，除非你像在其他许多方面一样在这方面欺骗自己。那么，是什么阻止你向前呢？这显然不是别的，就是那条流连于最卑劣的世俗享乐、第一眼看去轻松易行的道路。不过，虽然深入歧途，你必须在艰苦奋斗的重负下登上幸福人生的顶峰，尽管被重重阻隔，或是因为自身的怠惰而躺卧在本人罪孽的山谷中。如果'死亡的幽暗阴影'在那里找到你（我现在说到这些可怕的语词仍然恐惧战栗），你就必须在永恒的长夜中忍受无尽的痛苦折磨了。"

你无法想象这些想法让我的身体和心灵在面对前方未来时获得多么大的安慰。但愿我能像用双脚克服一切障碍而完成今天的行程一样，用自己的思想完成我朝思暮想的旅行！同时我也很好奇，不知完成敏捷和永恒的心灵"目不稍瞬"即可完成的一切，是否要比完成被沉重的四肢所累、注定会朽坏的脆弱身体在时间进程中完成的一切远更容易。

这里有一座山峰高于他山。此处山林住户称之为"梭尼"（Sonny），但我不明何故。不过我想他们是反其意而用之吧，这有时也见于其他地方。因为它看起来的确很像周围山峰的父亲。山顶上有一小片平地，我们最后就是在那里休息解乏的。

我亲爱的神父，你已经听我讲了登山过程中心里的种种不快，现在继续听我说完吧。请您花一点时间阅读我在某一天中写下的文字。一开始，我站在那里，面对异常开阔的视野，同时被一阵从未经历过的狂风席卷，几乎全身麻木。我向四周望去：云气在我脚下聚涌，阿索斯山和奥林波斯山也变得不那么神奇缥缈了，因为我在一座不那么有名的山上看到了我曾听说和读到的关于它们的一切。我从那里远望意大利方向，我魂牵梦绕的家乡。阿尔卑斯山——罗马的凶悍敌人一度以醋（如果我们相信古人的传说）碎石开路而驰骋其间——被冰雪覆盖冷冻。它们看起来很近，尽管十分遥远。我得承认，这时我深深怀念意大利的空气，它虽然不在眼前，却出现在了我的脑海中。我突然产生一种极其强烈的欲望，想重新见到我的朋友和家乡。与此同时，我谴责自身心灵的软弱，因为这两种欲望显示了它还不够成熟阳刚，尽管二者都不乏著名人物的先例可援。

接着另一种思绪占据了我的头脑，我从沉思空间转向沉思时间，并对自己说："这一天标志了你尽弃所学、离开博洛尼亚后第十个年头的圆满完成。啊，永生不朽的上帝，恒久不变的智慧！从那时起，你在自身道德习性方面被迫经受了多少巨大的变化啊。"我不想谈那些依然故我的部分，因为我尚未驶入那个港湾，足以让我安然思忖自己一直所经历的风暴。或许有朝一日我可以按照当时的情景依次回想之前发生的一切，用您钟爱的奥古斯丁的这段话作为开篇引言:"让我牢记自己以往的可鄙行径和灵魂的放纵堕落吧,不是因为我爱它们,而是因为我爱您,我的上帝。"

在我身上还有很多可疑的和令人不安的东西。我过去曾爱的,现在我不再爱了。但是我在说谎:我仍然爱着它,只是不那么强烈了。我又说谎了:我仍然爱着它,只不过更加怯懦和沮丧。现在我终于说了实话,这就是:我在爱,但不是爱我应该爱的,并且恨我应该希求的。我爱它,但这违背了我的意愿,身不由己,同时心里充满了悲伤。对于自身遭受的不幸,我现在切实体会到了这句名言的含义:"我应当恨,如果我能;如果不能,就应当去爱,即便心有不甘。"自从那种反常和邪恶的意愿——它一度全部攫取了我,并且牢牢统治了我的心灵——开始遇到抵抗以来,尚未满三个年头。为了争夺对我自身内二人(the two men within me)之一的领导权,一场顽强的、胜负未决的战斗在我内心深处长期肆虐而未有停歇。

就这样,我反复思考过去十年中发生的一切。然后我打消了对以往时光的悲悔,并问自己:"光阴易逝,假如你能多活十年而接近美德,就像你在过去两年中作为新旧两种意志交战的结果而摆脱先前的冥顽一样,那时你难道不能——也许不一定,但至少有合理的希望——在40岁的时候平静地面对死亡,不再以逐渐老去的余生为意?"

诸如此类的想法不断在我胸中涌现,亲爱的神父。我为自己取得的进步感到高兴,同时为自己的不尽完美伤心落泪,也为一切人类行为的反复无常感到悲哀。就这样,我似乎忘记自己身在何方、因何来到此地,直到被人提醒放下悲哀——对于这种情绪,另换一处也许更适合。我最好放眼周边,看看那些我计划来此想看的地方。是时候离开了,他们说。红日已经开始西下,山峰的阴影越拖越长。就像是从梦中惊醒的人一样,我蓦然转身眺望西方。从这里望去并看不到法国和意大利的界墙以及比利牛斯山的山脊,尽管没有什么我知道的障碍,不过是人眼的视力有限罢了。尽管如此,还是能够十分清楚地看到右边里昂省境内的山峰、左边马赛附近的海面和涌向艾格莫尔特(Aigues Mortes)的海浪,尽管从这里走到那个城市需要几天。罗恩河(the Rhone River)就在我们的下面。

我欣赏了每一处细节,一时玩味人世的快乐,一时效仿肉体之所为而将精神的目光转向天界,认为这时正可以读奥古斯丁的《忏悔录》——多蒙您惠赐此书,我将它悉心收藏并始终随身携带阅读,以此怀念它的作者和赠书之人。这是一本小得不能再小的书,但却充满甘旨,令人回味无穷。我打开书，准备从第一眼看到的地方读起，无论讲的是什么；其实在这里能看到的，无一而非虔诚之言。我恰巧翻到这本书的第十卷。我的兄弟站在我身边，渴望从我口中聆听奥古斯丁的教诲。我请上帝和身边的兄弟为我作证，在我目光最初停留的地方，我读道："人们赞赏高山大海、浩淼的波涛、日月星辰的运行，却遗弃了他们自己。"我得承认，自己当时就惊呆了。我示意我的兄弟——他还想继续听下去——不要打扰我，然后合上书本，为自己仍然欣赏世间事物而感到懊恼。我早该学到——甚至是从异教哲人那里学到——这一点："除却心灵，无一物值得赞赏；与心灵的伟大相比，无一物堪称伟大。"

我对自己已然看到的一切感到心满意足并将心灵之眼（inner eye）转向了自己。从这时起，直到我们来到山下，人们没有听到我再开口讲话。奥古斯丁的话已经占据了我的心灵，足令我心无旁骛。我无法想象这是偶然发生的事件；我相信，我刚才读到的一切是就我一人而发。我想起奥古斯丁也有过同样的经历，如他本人所说，他在读使徒书信时首先看到这样一段话："不可耽于酒食，不可溺于淫荡，不可趋于竞争嫉妒，应被服主耶稣基督，勿使纵恣于肉体的嗜欲。"同样的情形也发生于安东尼身上，他在读福音书时看到了这段话:"你若愿意作完全人,可去变卖你所有的,分给穷人,就必有财宝在天上;你还要来跟从我。"如其传记作者安他那修(Athanasius)所说,他接受了主的训诫并付诸实行,就像《圣经》中的这段话是为他一人而发一样。正如安东尼读了这段话后一心精进、奥古斯丁读了另一段话后洗心革面一样,我读了奥古斯丁的话之后的反应,就是我在前面写下的那几句话。我暗自思忖,终有一死的凡人在空洞无物地夸耀展示时,往往忽略了自身最高贵的部分而向外寻求那些应当内求的事物,这些人是多么缺乏忠告啊。我赞美心灵的高贵,假如它不曾自甘堕落、背离创造之初的原始状态而将上帝赐予它的荣耀变成了耻辱的话。

你知道我在下山时有多少次转身回望山顶吗?在我看来,比起人类沉思达到的高度(只要它不会日后坠入尘世的污浊),它几乎还没有一腕尺高哩。与此同时,我每走一步都会产生这样的想法:"如果你不后悔花了这么多力气和辛苦使身体略微接近了天堂一些,对于你的心灵难道不应该也这样做吗?任何使心灵悚惧的痛苦、拘禁和折磨都使它努力接近上帝而将高耸的傲慢之巅和凡人的命运踩在脚下。"以及这样的想法:"有多少人因为畏惧艰难或向往安逸而会不偏离此路呢？一个人——假如世上居然真有这样的人——能够做到这一点，可真是太幸运了。我认为那位诗人在说下面这番话的时候，心中想到的就是这个人：'这个人是幸福的，他洞悉了万物的成因，并将一切恐惧、无情的命运和贪得无厌的冥府的喧嚣都踩在了脚下……'我们是多么应当用尽全力征服那些被人类本能推动膨胀的激情而不是地面上更高的一个弹丸之地啊。"

当我浑然不觉脚下道路的崎岖难行、深夜回到黎明前从此出发登山的那个乡村小店时，上述情感在我心中引起了惊涛骇浪。这一晚月光长明，为夜间的流浪者们提供了友善的服务。当仆人为我们忙碌备饭时，我独自来到旅店的一个偏僻角落，一时兴起匆匆给你写了这封信。我担心写信的想法会时过境迁，因为事情一旦拖延，快速变化的场景就有可能导致心境的变化。

最亲爱的神父，就从这封信获知我是多么渴望向您毫无保留地倾诉心中的一切感受吧。我不但极其小心地把我的整个生命，而且把我的一切思想都向您呈露。我祈求您为这些想法祈祷，使它们最终不再动摇。它们迄今仍在到处游走，并因缺乏坚实的支点而徒属胡思乱想。但愿它们最终转向太一（the One）、至善（the Good）、全真（the

True)和永恒常在者(the stably Abiding)。

再见。

4月26日,于马洛塞纳

(摘自[意]弗兰齐斯科·彼特拉克著、张沛译《论自己和大众的无知》[On His Own Ignorance and That of Many Others])

......

(二)4000米:现代登山运动的起源

18世纪下半叶,受启蒙思潮的影响,欧洲人对挑战自然、探索未知领域产生了浓厚兴趣,其中就包括对高山环境的考察。欧洲科学家和探险家不断奔赴高山,针对山脉地质、植被与气候开展实地考察。同时,富有的绅士们也将登山作为一项新的消遣,他们不满足于仅仅观赏美景,更渴望征服顶峰。阿尔卑斯作为欧洲西部最高大的山脉,自然率先成为众人关注的焦点,进而拉开了现代登山运动的序幕。

1. 登山运动诞生

1760 年 5 月，出于研究高海拔植物等需要，瑞士学者霍勒斯－本笃·索绪尔（Horace-Bénédict de Saussure）在法国小镇夏蒙尼张贴了一则悬赏告示，承诺以高额的报酬奖励首位登上阿尔卑斯山最高峰——勃朗峰的勇者（包括提供攀登路线之人）。

索绪尔对高山的探索热情，在探险家和科学家群体中产生了巨大影响，然而直到 26 年后，告示才被一位山村医生揭下——对其而言，攀登勃朗峰不只是单纯的探险，更能为研究提供重要数据。

海拔超过 4800 米的勃朗峰山势险峻，上方终年积雪，千年冰川遍布裂缝。为此，法国医生米歇尔－加布里埃尔·帕卡德（Michel-Gabriel Paccard）与搭档采矿人雅克·巴尔马特（Jacques Balmat），足足做了两个月的精心准备，并择定一个"黄道吉日"的凌晨时分出发——力争一天内完成登顶和下撤。

从穿越惊险而复杂的冰川区域，到行进在白雪皑皑的大高原，尽管困难重重，但两人披荆斩棘，一路还算顺利。接下来，随着通向山巅的坡度越来越陡，以及强风、低温和沉重装备的"三合一"阻力，帕卡德与巴尔马特的前行速度大幅放缓且身体出现力竭征兆。经过短暂的休息调整和简单商讨，两人一致决定继续上行而非掉头下山，最终在黄昏时刻成为第一支征服"欧洲屋脊"的探险队。如今来看，当他们将一根绑着红色手帕的木棒插在勃朗峰的最高处时，大概率不会意识到：这个简陋的旗帜，标志着人类现代登山运动的开端。

在登顶的第二年，即1787年，由索绪尔亲任领队、巴尔马特担纲向导的登山队再次征服了勃朗峰。登山过程中，他们利用携带的科学仪器，开展了有关人体生理、自然环境等多方面的考察实践，为高山科学贡献了宝贵的数据与资料。此次攀登也改变了巴尔马特的人生轨迹，使他从采矿人转职成为一名高山向导，引领一群又一群勇敢者迈向顶峰。毋庸置疑，高山向导的出现不仅提高了登山的安全性，更间接助推了这项运动的发展。

由于现代登山运动兴起于阿尔卑斯山区，人们亦将其称为"阿尔卑斯运动"，并以1786年即首次登顶勃朗峰的年份作为登山运动的诞生年。学者索绪尔、医生帕卡德、采矿人巴尔马特等则成为国际公认的登山运动奠基人，为全球登山史书写了浓墨重彩的一笔。

2. 阿尔卑斯黄金时代

自现代登山运动诞生后,尤其是1850—1865年的15年间,登山运动在阿尔卑斯山区呈现出前所未有的繁荣景象,这一时期因此被称作"阿尔卑斯黄金时代"。1857年,伦敦的登山爱好者成立了历史上第一个登山俱乐部——阿尔卑斯俱乐部(Alpine Club,AC)。随后,包括纳德尔峰(Nadelhorn)、大帕拉迪索山(Gran Paradiso)、诺登峰(Nordend)、利斯卡姆峰(Lyskamm)等约20座海拔4000米以上的山峰被逐一征服(见表1)。这些成功登顶的壮举不仅推动了登山技术的进步和设备的革新,也点燃了大众对高山探险的热情。

如果说早期的登山活动常常与科学追求结合在一起,那么,随着时间的推移,职业登山者就逐渐成为这一领域的中坚力量,进而使得登山运动向着更具专业性和竞争性的方向发展。1865年,英国登山运动员爱德华·惠默尔(Edward Whymper)等人登上了险峻陡峭、技术要求极高的马特洪峰(Matterhorn),将以阿尔卑斯山为中心的登山运动推向阶段性高潮。

然而,在如火如荼的黄金时代,成功登顶偶尔也伴随着悲剧的发生。

3. 马特洪峰悲剧

马特洪峰是维多利亚时期众多登山爱好者心中的终极目标。它的平均坡度约 65°，个别地方甚至达到 90°，那几乎与地面垂直的山形和磅礴万丈的气势，既造就了令人生畏的攀登难度，同时散发着让挑战者前赴后继的神奇魔力。

马特洪峰的首次登顶诞生于两支队伍的激烈竞争间，即爱德华·惠默尔率领的英国探险队和让-安托万·卡雷尔（Jean-Antoine Carrel）牵头的意大利团队。两位能力超群、雄心勃勃的领导者，都迫切地希望成为第一个登顶马特洪峰的人，这不仅是个人成就的较量，也是国家荣誉的交锋。1865 年 7 月，两支探险队几乎同时对马特洪峰进行了登顶尝试，惠默尔选择从瑞士侧的泽马特（Zermatt）启程，卡雷尔则从家乡的瓦尔图尔南特（Val Tournanche）出发。7 月 14 日，惠默尔与 6 名队员抢先登顶，成为历史上第一批站在马特洪峰顶端之人；而卡雷尔和他的团队尽管奋力攀爬，仍以落后 200 米的距离惜败，遂选择掉头返回。

这本应是登山史上的一座丰碑，但随之而来的却是令人惋惜的悲剧。下山途中，惠默尔队伍中的格拉斯·哈多（Douglas Hadow）失足跌倒，让绳索上的其他队员相继失去平衡，迅速向山下滑去。当大家试图稳住阵脚时，不料

表 1 "阿尔卑斯黄金时代"的代表性攀登

山峰名称	山峰海拔	登顶时间	登山家	登山向导
施塔尔峰（Strahlhorn）	4190 米	1854 年 8 月 15 日	埃德蒙·格伦维尔（Edmund Grenville），克里斯托弗·史密斯（Christopher Smyth）	乌尔里希·劳特纳（Ulrich Lauener），弗朗茨–约瑟夫·安登马特（Franz-Josef Andenmatten）
杜富尔峰（Punta Dufour）	4633 米	1855 年 8 月 1 日	约翰·伯贝克（John Birbeck），詹姆斯·史密斯（James Smyth），克里斯托弗·史密斯（Christopher Smyth），查尔斯·哈德森（Charles Hudson），爱德华·史蒂文森（Edward Stevenson）	乌尔里希·劳特纳，马特乌斯·祖姆托瓦尔德（Matthäus Zumtaugwald），约翰内斯·祖姆托瓦尔德（Johannes Zumtaugwald）
莫希峰（Mönch）	4099 米	1857 年 8 月 15 日	西吉斯蒙德·伯吉斯（Sigismund Porges）	克里斯蒂安·阿尔默（Christian Almer），克里斯蒂安·考夫曼（Christian Kaufmann），乌尔里希·考夫曼（Ulrich Kaufmann）
纳德尔峰（Nadelhorn）	4327 米	1858 年 9 月 16 日	弗朗茨·安登马特（Franz Andenmatten），巴蒂斯特·埃皮尼（Baptiste Epiney），阿洛伊斯·苏珀萨索（Aloys Supersaxo），约瑟夫·齐默尔曼（Joseph Zimmermann）	梅尔基奥·安德雷格（Melchior Anderegg），约翰内斯·祖姆托瓦尔德

（续表）

山峰名称	山峰海拔	登顶时间	登山家	登山向导
阿莱奇峰（Aletschhorn）	4195米	1859年6月18日	弗朗西斯·塔克特（Francis Tuckett）	约翰·约瑟夫·贝内（Johann Josef Benet），彼得·博伦（Peter Bohren），维克多·泰拉兹（Victor Tairraz）
大帕拉迪索山（Gran Paradiso）	4161米	1860年9月4日	约翰·考威尔（John Cowell），威廉·邓达斯（Wuilliam Dundas）	米歇尔·帕约（Michel Payot），让·泰拉兹（Jean Tairraz）
施雷克峰（Schreckhorn）	4078米	1861年8月14日	莱斯利·斯蒂芬（Leslie Stephen）	乌尔里希·考夫曼，克里斯蒂安·米歇尔（Christian Michel），彼得·米歇尔（Peter Michel）
诺登峰（Nordend）	4612米	1861年8月26日	爱德华·巴克斯顿（Edward Buxton），约翰·考威尔，托马斯·福威尔·巴克斯顿（Thomas Fowell Buxton）	米歇尔－克莱门特·帕约（Michel-Clément Payot）
德朗峰（Dent d'Hérens）	4179米	1863年8月12日	弗洛伦斯·克劳福德·格罗夫（Florence Crauford Grove），威廉·爱德华·霍尔（William Edward Hall），雷金纳德·萨默里德·麦克唐纳（Reginald Somerled Macdonald），蒙塔古·伍德马斯（Montagu Woodmass）	雅各布·安德雷格（Jakob Anderegg），梅尔基奥·安德雷格
齐纳尔洛特峰（Zinalrothorn）	4221米	1864年8月22日	莱斯利·斯蒂芬，弗洛伦斯·克劳福德·格罗夫（Florence Crauford Grove）	雅各布·安德雷格

注：本书图表数据均来自喜马拉雅数据库、八千米登山者网站、四千米俱乐部网站、阿尔卑斯俱乐部网站、《张梁 我在地球边缘》《走进地球之巅》以及国际奥委会官网、国际赛艇联合会官网、亚洲奥林匹克理事会官网、全美校际赛艇锦标赛官网、美国大学生运动员招募协会官网和深潜网站。

绳索却突然断裂，4名队员瞬间坠亡。上一刻的喜悦和突然而至的事故震惊了整个欧洲，也将马特洪峰和登山运动推上了风口浪尖。一位话题领袖曾在《泰晤士报》上质问："为何英格兰最高贵的血统，会把自己的生命浪费在那些不可攀登的山峰上？这是生活吗？这是责任吗？这是常识吗？这是被允许的吗？这难道不是错误的吗？"迫于舆论的压力，英国女王甚至考虑过发布登山禁令。

马特洪峰悲剧通常被视为"阿尔卑斯黄金时代"的终结。只不过，这场灾难不仅没有阻止探险者的脚步，反而让此座山峰名声大噪——对于登山爱好者来说，那种英雄式的牺牲似乎具有莫名的吸引力。在惠默尔之后，来自欧洲各地的登山者愈发期待攀登马特洪峰，他们不断地涌来并发起挑战：仅仅3天后，卡雷尔再次启程，完成了从西壁的登顶；1871年，露西·沃克（Lucy Walker）在与梅塔·布雷武特（Meta Brevoort）的对决中胜出，成为第一位征服马特洪峰的女性；1898年，威廉·保罗克（Wilhelm Paulcke）成为独自登顶的第一人；1931年，弗朗茨·施密德（Franz Schmid）和托尼·施密德（Toni Schmid）兄弟首次从北壁登顶……自1865年7月以来，已有数以万计的登山者尝试攀登过马特洪峰，这也使得，时至今日，其仍然是阿尔卑斯山脉最热门的山峰之一。

19世纪晚期,如冰镐、钢绳等专业装备的发展,使登山运动变得更加安全,让更多攀登者有机会挑战难度更大的山峰,也见证了登山技术的创新以及登山风格的转变。接下来的百余年间,一批又一批来自欧洲内外的勇士们在阿尔卑斯的群山之中留下了足迹,将或高或低、或难或易的大小山峰,纳入人类的征服史册。

(三)6000米:登山运动的流行

围绕阿尔卑斯山脉进行了约一个世纪的探索后,不少登山家的视野开始转向更广阔的区域。除了地球至高、位于亚洲的喜马拉雅外,美洲与非洲的壮丽山脉很快成为登山家们热衷的下一个目的地。其中,尤以南美洲最高峰阿空加瓜山(Aconcagua,6962米)、北美洲最高峰迪纳利山(Denali,6194米)以及非洲最高峰乞力马扎罗山(Kilimanjaro,5895米)最为瞩目。

1. 探索最高的火山:南美之最阿空加瓜山

阿空加瓜山是南美洲的最高峰,也是公认的地球上最高的死火山。德国地理学家、探险家保罗·古斯费尔特（Paul Güssfeldt）曾于1880年代初对安第斯山脉进行过考察。1883年3月，他试图从北山脊向阿空加瓜山发起挑战。不过，由于天气恶劣，以几百米之憾未能登顶。虽然此次尝试没有成功，却相对准确地测量出了阿空加瓜山的高度。

首位踏上阿空加瓜山之巅的是有着高超登山技能和丰富山地经验的瑞士职业登山向导马蒂亚斯·楚布里根（Matthias Zurbriggen）。1897年1月，他以探险队领队的身份从西北侧登顶阿空加瓜山，这条线路也成为该山峰的"传统攀登线路"（所谓的"法国路线""阿根廷路线"等则是后来陆续开辟的）。1940年3月，法国人阿德里安娜·班卡（Adriana Banca）成为第一位登顶的女登山者；1995年1月，李致新、王勇峰成为首次登顶阿空加瓜山的中国人；2013年12月，美国9岁男童泰勒·阿姆斯特朗（Tyler Armstrong）成为征服阿空加瓜山的最小登山者。

如今，阿空加瓜山脚下已搭建了设备齐全的大本营，登山季期间也有常驻的导游，属于相对成熟的旅游区域，体验式攀登并不需要很高的技术。但由于海拔原因，其山顶的气压仅为海平面的40%，故对非专业人士来说仍难以企及。当然，作为南美洲第一高峰，阿空加瓜山始终吸引着全世界的登山者，尤其对于那些追求登顶各大洲最高峰的爱好者来说，它无疑是一个必经之地。

2. 挑战最冷的山：北美之最迪纳利山

19世纪末，北美洲第一高峰迪纳利山（原称麦金利山）就已吸引了众多探险家的关注。它的海拔虽刚刚超过6000米，但因所处的高纬度靠近北极圈，而成为世界上最冷的山峰之一。在严冬，山顶的气温最低可达零下60摄氏度，加之两极的空气密度较低，氧气更为稀薄，使人类对迪纳利山的探索颇为不易。

1906年，美国登山家弗雷德里克·库克（Frederick Cook）声称自己登上了峰顶，然而很遗憾，根据其提供的照片显示，库克探险队登上的是30公里外另一处不太高的山顶，这座山峰也因此被命名为假峰（Fake Peak）。尽管没有触顶，但这次尝试为后来的登山者开辟了新的路线。1910年，当地的4位探矿人花费大约2个月的时间，登上了迪纳利山的北峰，它距离最高的南峰仅相差200多米。直到1913年6月，赫德森·斯塔克（Hudson Stuck）、哈里·卡斯滕斯（Harry Karstens）、沃尔特·哈珀（Walter Harper）和罗伯特·塔特姆（Robert Tatum）组成的探险队,终于实现了迪纳利山的首次登顶。此后,越来越多的人试图征服这座高峰,但恶劣的气候让攀登变得异常艰难。即便是登山技术更为成熟和装备高度发达的今天,登顶迪纳利山的成功率也只有 50% 左右。

3. 登上"赤道雪峰":非洲之最乞力马扎罗山

有"非洲屋脊"之称的乞力马扎罗山位于赤道地区,山脚气温炎热,山顶常年覆盖积雪。这一独特的山景使它收获了"赤道雪峰"的美名,海明威的小说《乞力马扎罗的雪》(The Snows of Kilimanjaro)更是助其声名远扬。可惜的是,受碳排放等因素导致的全球变暖影响,乞力马扎罗山顶的积雪面积其实在过去一百年持续萎缩,21 世纪以来的冰雪消融速度甚至日渐加快。

1848 年,德国传教士约翰内斯·瑞布曼(Johannes Rebmann)曾在日记中提到他与约翰·克拉普夫(Johann Krapf)一同挑战过乞力马扎罗山,这是关于攀登该山最早的记录。不过,由于当时登山者的目光仍聚焦在阿尔卑斯区域,故在随后的 40 年中,关于非洲山脉的知名攀爬活动并不多见。直到 1889 年,奥地利登山高手路德维希·普尔柴勒(Ludwig Purtscheller)和德国地质学家汉斯·梅耶

（Hans Meyer）才实现了对乞力马扎罗山的首次登顶。

乞力马扎罗山虽是非洲第一高峰，但由于纬度很低、气候稳定，对攀登技术要求也不高，所以，即便不是专业的登山家，依靠意志力亦可能成功登顶。凭借这一点，"亲民"的"赤道雪峰"吸引了众多勇于挑战且经验尚可的爱好者，近年来，登顶人的低龄极限更是屡屡刷新大众认知。2012年7月，上文提到的泰勒·阿姆斯特朗曾以史上第二年轻的身份登顶乞力马扎罗山，彼时的纪录是由仅7岁的美国男孩济慈·博伊德（Keats Boyd）于2008年2月创造。2018年3月和10月，同样来自美利坚的蒙塔纳·肯妮（Montannah Kenney）、科尔坦·泰纳（Coltan Tanner）先后成为站在乞力马扎罗顶峰的最小女孩（7岁）和最年轻者（6岁）。如今，新纪录已降至不可思议的5岁——由来自塞尔维亚的男孩奥格尼恩·日夫科维奇（Ognjen Živković）在2023年8月创造，阿什琳·曼德里克（Ashleen Mandrick）则是登顶"非洲屋脊"的年龄最低的女孩（6岁），且她在完成这项令人惊叹的挑战后的3个月——2019年12月，就马不停蹄地徒步征服了珠峰大本营，成为取得此成就最年轻的英国人。

(四)8000米:大山脉的征途

千万年前的地质活动,形成了巍峨壮美的喜马拉雅山脉和喀喇昆仑山脉,也造就了全球14座8000米以上的山峰(下文简称"8K山峰")。人类对这些巨峰的探索艰难而漫长,起初,其只是探险家和测量员的领地,地理发现与测量工作引导他们光临于此。但随着现代登山运动的启幕和发展,对全球各地的山友们来说,没有任何一个数字比"8000"更让人着迷了。

1. 巨峰初探

19世纪到来之前,8K山峰对世界各国来说都是极为陌生的。直到1802年,"大三角勘察"(Great Trigonometrical Survey)的横空出世——用当时最先进的技术精确测量整个印度次大陆——才让数座直抵云霄的超高海拔山峰逐渐为世人所知。由于该计划并不局限于英属殖民地,对领土扩张的渴望促使英国人不断向周边地区探查,于是,青藏高原边缘隆起的磅礴山脉也进入了测量范围。等到"大三角勘察"彻底收官的1871年,以及同期颇具历史意义的其他勘测成果的发布,人们终于了解到,全球共有14座8000

米以上的独立山峰（见表2），其中10座位于喜马拉雅山脉，4座位于喀喇昆仑山脉。

表2 14座海拔8000米级山峰

海拔排名	名称	高度	所属山脉
1	珠穆朗玛峰 (Everest / Qomolangma)	8848米	喜马拉雅
2	乔戈里峰（K2）	8611米	喀喇昆仑
3	干城章嘉峰 (Kangchenjunga)	8586米	喜马拉雅
4	洛子峰 (Lhotse)	8516米	喜马拉雅
5	马卡鲁峰 (Makalu)	8485米	喜马拉雅
6	卓奥友峰 (Cho Oyu)	8201米	喜马拉雅
7	道拉吉里峰 (Dhaulagiri I)	8167米	喜马拉雅
8	马纳斯鲁峰 (Manaslu)	8163米	喜马拉雅
9	南迦帕尔巴特峰 (Nanga Parbat)	8125米	喜马拉雅
10	安纳普尔纳 I 峰 (Annapurna I)	8091米	喜马拉雅
11	迦舒布鲁姆 I 峰 (Gasherbrum I)	8080米	喀喇昆仑
12	布洛阿特峰 (Broad Peak)	8051米	喀喇昆仑
13	迦舒布鲁姆 II 峰 (Gasherbrum II)	8034米	喀喇昆仑
14	希夏邦马峰 (Shishapangma)	8027米	喜马拉雅

讲述征服8K山峰的故事，注定绕不开英国人阿尔伯特·弗雷德里克·穆默里（Albert Frederick Mummery）。1895年8月，穆默里率领的探险队首次尝试攀登8K山峰，

也是最致命的山峰之一——南迦帕尔巴特峰，却在翻过一个山口后遭遇雪崩身亡，他的尸体至今未被找到。这是历史上关于攀登 8K 山峰的最早记录，穆默里也是这座山峰众多知名遇难者中的第一人。

作为杰出的登山家和作家，前往喜马拉雅山脉之前，穆默里就在阿尔卑斯区域积累了丰富的攀登经验，且做出了诸多开创性贡献：推动了无向导攀登运动，肯定了女性登山者的能力，完成了一系列意义非凡的首登，留下了大量备受推崇的攀登路线，发明了以其名字命名的"穆默里帐篷"（一种为轻量级探险开发的登山帐篷），等等。他的经典登山著作《我在阿尔卑斯山和高加索的攀登》（*My Climbs in the Alps and Caucasus*）至今仍具有强大影响力，书中富有哲理的名言"这项运动的本质不在于攀登高峰，而是在于与困难做斗争并克服困难"，激励并鼓舞着无数后来者。穆默里遇难的近 60 年后，奥地利传奇人物赫尔曼·布尔（Hermann Buhl）首次登上南迦帕尔巴特峰，他将这位令人景仰的前辈称为"有史以来最伟大的登山家之一"。

随着穆默里对南迦帕尔巴特峰发起的挑战，探险家们的"登山乐园"渐渐向更遥远的地平线转移。只是，人类真正踏上8000米级山峰的最高点,还要再等上半个多世纪。

2. 喜马拉雅黄金时代

经历两次世界大战的洗礼,久违的和平终于在20世纪上半叶的尾声姗姗而至。不过,于登山界来说,真正的"战斗"才刚刚打响——受民族主义驱动,英国、法国、德国、意大利、瑞士、奥地利以及美国、日本等纷纷加入了对8K山峰首登荣誉的争夺,将珠穆朗玛峰、干城章嘉峰、南迦帕尔巴特峰等层层包围。有国家做后盾,竞争很快白热化,上百支探险队持续不断地向一众巨峰发起冲击。

(1)踏上8K山峰之巅

历史上第一座被人类征服的8K山峰是海拔排名第十的安纳普尔纳I峰,由莫里斯·赫尔佐格(Maurice Herzog)和路易·拉切纳尔(Louis Lachenal)所在的法国登山队于1950年6月完成。

安纳普尔纳I峰曾是8K山峰中公认的登顶死亡率最高的一座,因极度危险,现今也通常只开放给顶尖的登山者以及少数私人向导。如此看,在那个装备设施简陋的年代,赫尔佐格和拉切纳尔仅用一个登山季就完成了对该山峰的定位、勘测和"无氧"登顶,可谓奇迹。

然而，安纳普尔纳I峰虽然"臣服"于他们，但登顶的代价亦相当惨重——两人因冻伤而失去了脚趾，赫尔佐格还截掉了部分手指。不过，赫尔佐格又是幸运的，因为划时代的壮举，他的仕途如日中天，不仅担任过法国城市、青年与体育国务秘书以及夏蒙尼地区的父母官，还履职国际奥委会委员近四分之一个世纪，并凭借所著的超级畅销书《安纳普尔纳峰》（*Annapurna*）销售逾千万册，赚得盆满钵溢。而与之共享首次登顶荣誉的拉切纳尔则在1955年意外坠亡，早早献出了年仅34岁的生命。

（2）"杀手山峰"与"野蛮巨峰"

法国登山队"战胜"安纳普尔纳I峰的消息一出，各国更加快了冲击山巅的步伐，尤其是对世界第一高峰——珠穆朗玛峰的争夺。1953年5月，新西兰登山者埃德蒙·希拉里（Edmund Hillary）和夏尔巴人丹增·诺尔盖（Tenzing Norgay）成功登顶珠峰，为世界登山史留下了史诗级篇章。来自奥地利的登山家赫尔曼·布尔则于几周后——1953年7月，首次且独自登上了南迦帕尔巴特峰。

南迦帕尔巴特峰的海拔虽仅排名第九，却以极高的攀爬难度著称，并与安纳普尔纳I峰和乔戈里峰，共同构成8K山峰中危险性最高的第一梯队。1990年前，攀爬南迦帕尔巴特峰的死亡率高达 77%，这意味着仅有约四分之一的登山者能够生还，以致圈内人送之"杀手山峰"的代号。正因如此，赫尔曼·布尔在 70 多年前的单人登顶，被誉为 20 世纪最伟大的登山成就之一。

乔戈里峰是地球上海拔第二高的山峰——相较珠峰只矮了 237 米。但因山腹峡谷众多，几乎没有平坦的道路和躲避之处，从 5500 米开始就要进行岩石混合地带的攀爬，加之雪崩等灾害频发，因此，登顶难度远超珠峰。1953 年，美国探险队员乔治·贝尔（George Bell）在被担架抬下山时神情严肃地告诉记者，"这是一座试图杀死你的野蛮巨峰"，"野蛮巨峰"的绰号便流行开来。在那个年代，尽管多支美国探险队钟情于乔戈里峰，并因此付出了血的代价，最先征服它的却是意大利登山队的里诺·莱斯德利（Lino Lacedelli）和阿希尔·孔帕尼奥尼（Achille Compagnoni）。两人在 1954 年 7 月登顶后被视为意大利的民族英雄，不仅获颁功勋奖章，还受到了教皇的接见。

（3）全面征服

人类站上乔戈里峰不久，世界第六高峰卓奥友峰和第三高峰干城章嘉峰的"首登桂冠"相继由奥地利、英国的探险队于 1954 年 10 月、1955 年 5 月收入囊中。同样是在

1955年5月,马卡鲁峰成为法国人率先登顶的第二座8K山峰。其实,早在赢得首登安纳普尔纳I峰的荣耀之时,法兰西的登山家们就将目光投向了世界第五高峰,经过充分、系统、周密的勘查准备,里昂内尔·泰瑞(Lionel Terray)和让·库齐(Jean Couzy)领衔的探险队终不辱使命。值得一提的是,泰瑞不仅是攀登马卡鲁峰的绝对领袖,还是1950年挑战安纳普尔纳I峰的核心成员,他的善良和慷慨在国际登山界人尽皆知,也正因如此,他的好友拉切纳尔才能在登顶后的下撤途中化险为夷,他的队员们才有机会追随其一睹马卡鲁峰上的奇观壮景——泰瑞率领的登山队几乎整队登顶,这是喜马拉雅山脉攀登史上的首次,而他的《无用的征服者》(*Les conquerants de l'inutile*)则被奉为最有用和最迷人的登山著作。

1956年5—7月,海拔排名第八、第四、第十三的马纳斯鲁峰、洛子峰和迦舒布鲁姆II峰分别被来自日本、瑞士以及奥地利的登山队攻克。其中,与日本人共同登顶的夏尔巴人格曾·诺布(Gyalzen Norbu)因一年前刚刚完成马卡鲁峰的挑战,由此成为历史上第一位首登两座8K山峰之人。接下来的四年,布洛阿特峰、迦舒布鲁姆I峰和道拉吉里峰依次被战胜,奥地利人赫尔曼·布尔、科特·戴姆伯格（Kurt Diemberger）也在此期间成为格曾·诺布之外，全球仅有的两位首登两座 8K 山峰的传奇登山家——前者踏上了南迦帕尔巴特峰和布洛阿特峰，后者探索了布洛阿特峰和道拉吉里峰。

1964 年 5 月，许竞、王富洲、张俊岩、邬宗岳、陈山、索南多吉、成天亮、尼玛扎西、多吉、云登等 10 名中国登山队员登上了希夏邦马峰。希夏邦马峰是 14 座中唯一完全位于中国境内的山峰。中国登山队登顶该峰，既为世界献上了精彩的压轴一幕，也为人类征服所有 8K 山峰的旅程画下圆满的句号。

从 1950 年首次登顶到 1964 年完成探索的 14 年，亦被称为"喜马拉雅黄金时代"，标志着高海拔登山技术的突破，见证了一系列历史性的登山成就。至此，14 座 8000 米级巨峰不再神秘而不可即。但攀登无尽头，紧接着，瞄向 8K 山峰的更具挑战的"一揽子"全攀之路拉开了序幕。

1986 年 10 月，意大利登山家莱茵霍尔德·梅斯纳尔（Reinhold Messner）用时 16 年成为世界上第一位登顶所有 8K 山峰的攀登者，且全部为"无氧"攀登。2007 年 7 月，"中国西藏攀登世界 14 座 8000 米以上高峰探险队"在跨越 14 个春秋之后，登上了迦舒布鲁姆 I 峰，由此书写了首个以团队形式问鼎 14 座 8K 山峰的壮丽篇章。2010 年 5 月，西班牙人埃杜尔纳·帕萨班（Edurne Pasaban）登顶海拔 8027 米的希夏邦马峰，成为世界上第一位登顶所有 14 座 8K 山峰的女性。2023 年 7 月，挪威女登山家克里斯汀·哈里拉（Kristin Harila）战胜乔戈里峰，标志着另一项历史纪录的诞生——92 天内登顶 14 座 8000 米以上的山峰。2024 年 10 月，何静登顶希夏邦马峰，成为无氧登顶 14 座 8K 山峰的华夏第一人。另外值得一提的是，从 1980 年 2 月，波兰人克日什托夫·维利茨基（Krzysztof Wielicki）和莱谢克·西奇（Leszek Cichy）登顶珠峰，到 2021 年 1 月，尼泊尔本土的夏尔巴团队挑战乔戈里峰成功，历经 40 载零 11 个月的不懈拼搏，14 座 8000 米级山峰的冬季首登也终于圆满收官。

表 3　14 座海拔 8000 米级山峰的首登和冬季首登时间

首登顺序	山峰	首登年份	冬季首登年份
1	安纳普尔纳 I 峰	1950 年	1987 年
2	珠穆朗玛峰	1953 年	1980 年
3	南迦帕尔巴特峰	1953 年	2016 年
4	乔戈里峰	1954 年	2021 年
5	卓奥友峰	1954 年	1985 年

（续表）

首登顺序	山峰	首登年份	冬季首登年份
6	干城章嘉峰	1955 年	1986 年
7	马卡鲁峰	1955 年	2009 年
8	马纳斯鲁峰	1956 年	1984 年
9	洛子峰	1956 年	1988 年
10	迦舒布鲁姆 II 峰	1956 年	2011 年
11	布洛阿特峰	1957 年	2013 年
12	迦舒布鲁姆 I 峰	1958 年	2012 年
13	道拉吉里峰	1960 年	1985 年
14	希夏邦马峰	1964 年	2004 年

3. 8000 米之外新的挑战：Second 14

8K 山峰被人类全部登顶（包括首登和冬季首登，见表3），并没有使喜马拉雅山脉和喀喇昆仑山脉回归平静，反而将 14 座巨峰推入"疯狂"之境。如今的 8000 米级山峰挑战，已与过去完全不同，数量倍增的高山向导、花样繁多的服务套餐、缓缓褪色的探险精神，虽令不少登山先驱很是不满，却让大量怀揣各式目的的登山客们前赴后继。

或是为了给职业登山家们降降火，或是为了给每年的登山季分分流，国际登山界热门网站 8000ers 的工作团队提出了一个全新概念——"Second 14"（第二个 14 座山峰，见表 4），即相对于 8K 山峰"First 14"的 7000 米以上、人迹罕至的 14 座高山。

实事求是地说,"Second 14"当前的热度还远逊于"First 14",但它无疑给了各国登山者们一个额外选项,尤其是对于那些希望拥抱更多挑战之人来说,这 14 座 7000 米级山峰的吸引力不言自明。

表4 "Second 14":14座海拔7000米级山峰

高度排名	山峰名称	海拔高度
1	格重康峰(Gyachung Kang)	7952 米
2	安纳普尔纳II峰(Annapurna II)	7937 米
3	迦舒布鲁姆IV峰(Gasherbrum IV)	7932 米
4	喜马楚里峰(Himalchuli)	7893 米
5	迪斯特吉峰(Disteghil Sar)	7885 米
6	雅迪楚理峰(Ngadi Chuli)	7871 米
7	昆杨基什峰(Kunyang Chhish)	7852 米
8	玛夏布洛姆峰(Masherbrum)	7821 米
9	楠达德维峰(Nanda Devi)	7816 米
10	珠穆隆索峰(Chomo Lönzo)	7804 米
11	巴图拉峰(Batura Sar)	7795 米
12	拉卡波希峰(Rakaposhi)	7788 米
13	道南迦巴瓦峰(Namcha Barwa)	7782 米
14	坎巨提峰(Kanjut Sar)	7760 米

（五）8848米：珠峰挑战

珠穆朗玛峰坐落于中尼两国边界，是喜马拉雅山脉的主峰，峰顶以北为中国领土，以南位于尼泊尔境内。8848米的海拔，彰显着全球第一高峰的威严，"世界之巅""万山之尊""地球第三极"的敬誉则让无数登山者将之作为攀爬的终生目标。但是，珠峰的挑战史，注定不会一帆风顺。

1. 初次攀登与神秘失踪

20世纪初，人类第一次踏上极地，完成南北两极的探索后，地球"第三极"便成为下一个目标。1909年，在高海拔生理学研究方面颇有建树的英国科学家、登山家亚历山大·凯拉斯（Alexander Kellas）根据一系列实验研究得出结论：人类必将登顶珠峰，甚至不用氧气，不必携带过多探险用具。这一预言，从科学角度为登山者提供了一针强心剂，但在一百年前的当时，人们仍需从一次次的失败中，摸索前进的道路。

（1）演练

1921年1月，英国皇家地理学会（Royal Geographical Society，RGS）和阿尔卑斯俱乐部共同成立了珠穆朗玛峰委员会（Mount Everest Committee），组织并资助珠峰的探险活动，且登顶确立为优先任务，高原地质、生态与气候的科学考察则排在其后。关于这次高难度攀登的人选，阿尔卑斯俱乐部的成员们不约而同地提到一个人，于是，登山史上的传奇人物乔治·马洛里（George Mallory）闪亮登场。

1886 年，马洛里出生于英格兰西北部柴郡的一个牧师家庭，从小就显露出攀爬的天赋，13 岁开始接触登山运动。在剑桥大学学习期间，他对高山探险的兴趣愈发浓厚，稳重的性格和强健的体魄使他成为一名卓越的登山家。毕业后在查特豪斯公学（Charterhouse）任职期间，他更是狂热到几乎征服了欧洲全部的高山。一战结束不久，马洛里接受了珠穆朗玛峰委员会的邀请，正式开启探顶珠峰的伟大冒险。

20 世纪初，尼泊尔对外国探险家依旧保持封闭的政策，而西藏则向西方开放了长期关闭的边界，英国人由此选择从珠峰北坡进行一系列的尝试。彼时，珠穆朗玛峰还是一片完全未知的领域，登山家们在阿尔卑斯山脉积累的经验，只适合 4000 米级的山峰攀爬，直接跃升到 8000 米级的喜马拉雅山脉，无疑挑战巨大。因此，面对陌生的 8000 米级山峰，马洛里和他的珠峰登山队开创了全新的"喜马拉雅式攀登"（见专栏 2）。

专栏2 喜马拉雅式攀登 & 阿尔卑斯式攀登

装备轻便、快速行进、中途不设补给、不安排高山协作，力求一鼓作气登上山顶，若不能登顶就折返下山，这种登山方式被称为"阿尔卑斯式攀登"（简称"阿式攀登"，Alpine style）。"阿尔卑斯黄金时代"结束之后，人们开始寻找新的目标，而英国人新鲜出炉的测量结果明确宣告着，青藏高原边缘的8000米级山峰才是登山者的终极之地。只不过，从4000米级的阿尔卑斯山脉，跃升到8000米级的喜马拉雅山脉、喀喇昆仑山脉，将是一个巨大的挑战。阿尔卑斯式攀登还能行得通吗？

1921—1922年，登山史上的传奇人物乔治·马洛里与他的珠峰探险队开创了一种全新的攀登方式：由多人团队协作铺设路绳、设置多个营地、不断运输物资，并雇用高山协作作为辅助，一次不成功则在营地反复尝试，直至成功或下撤。相比于早期的阿式攀登，这是为适应8000米级山峰所做出的重大调整，因此也被称为"喜马拉雅式攀登"（简称"喜式攀登"，Expedition Style）。显然，喜马拉雅攀登和阿尔卑斯式攀登在登山风格、技术要求和风险承担等方面存在诸多差异（见表5）。

表5 阿式攀登与喜式攀登差异

	阿尔卑斯式	喜马拉雅式
攀登风格	·强调登山者的自主性、技能和判断力，通常是快速、独立地攀登 ·没有固定的营地，更适用于路程较短或交通方便的山区	·强调团队协作和长时间攀登 ·通常需要建立营地，逐步攀升至高峰，在有限的氧气和时间内，通过合理的规划与分配资源，力争让更多队员安全登顶
技术要求	·侧重于个人技巧	·要求具备各种登山技能，但向导和协作的辅助会提升技术偏弱者登顶的概率
风险承担	·注重冒险和挑战，风险承担度相对较高	·涉及更多的风险评估和安全管理。在决策过程中，安全常常是首要考虑的因素
时间与资源	·相对灵活，所需的时间和资源较少，追求轻量化登山	·通常需要较长的时间准备和大量的资源投入，包括人员、装备和物资等
环境影响	·对环境影响相对较小	·对环境影响相对较大

1921年，马洛里第一次尝试攀登珠穆朗玛峰，目标是通过充分的勘察找到一条通往顶峰的路线。在这次探险中，探险队爬升至大约7000米的高度，成功确定了北坳登山基地的位置，为接下来的攀登提供了宝贵的地理路线和气候

信息。1922年，马洛里作为一支装备精良的探险队的成员，首次尝试登顶珠峰。探险队使用了辅助氧气装备，以克服高海拔带来的缺氧难题，最终协助马洛里达到8225米的高度，创下了那个时代最高的登山纪录。

为了招募新的登山队员、改进装备以及总结前一年的经验教训，珠穆朗玛峰委员会决定推迟原定探险计划，利用一年时间进行系统准备。1924年，38岁的马洛里第三次挑战珠峰，并精心挑选了来自牛津大学化学系的助手安德鲁·欧文（Andrew Irvine）。欧文虽然登山经验略显不足，却是一名出色的赛艇选手，在牛津与剑桥一年一度对抗赛中的表现令马洛里印象颇深。同时，他工程学的背景和敏锐的机械操作能力，尤其是对氧气设备的熟悉，显然是马洛里做出选择的重要原因。

（2）失踪

第三次启程前的一场演讲中，有位记者提问马洛里，为什么要攀登珠峰？也许是深思熟虑，也许仅仅是敷衍，马洛里给出了那句广为人知且颇具禅意的回答："因为山就在那里。"

随后，他便踏上了前往珠峰之路，这是马洛里人生中的最后一次珠峰之旅，也是他最为著名的一次尝试。1924

年6月6日一早，马洛里、欧文和8名夏尔巴搬运工赶赴珠峰的五号营地（海拔约7681米）。当天晚上，4名搬运工返回，并确认两位攀登者已经顺利抵达。在带回的便笺中，马洛里的文字充满信心："这里没有风，情况看起来很有希望。"6月7日，探险队领队诺埃尔·奥代尔（Noel Odell）前往五号营地支援，不久后，协助马洛里和欧文的剩下4名搬运工从六号营地（海拔约8170米）下撤，并带回了两人的攀登计划——他们将于次日清晨出发。6月8日，奥代尔带着补给，从五号营地向六号营地行进，途中天气突然放晴，山脊也变得清晰可见。奥代尔抬头时，看到马洛里和欧文变成了两个小小的黑点，前面的黑点正慢慢接近山脊上部的岩石台阶，另一个黑点紧跟其后。此时的时间大约是中午12:50。奥代尔曾短暂地看到两人到达离顶峰仅几百英尺的地方，随后，这幅画面消失于云雾中。

这是他们生前，最后一次出现在人类的视线中。他们再也没有回来。

(3) 解谜

在生命结束之前，两位登山先驱是否抵达顶峰？这个问题，似乎成了20世纪登山界最大的谜团。如果能够证明马洛里与欧文1924年的成功，人类的登山历史就会被改写，珠峰的首次登顶将被提前近 30 年。1999 年，搜寻马洛里和欧文的探险队带着这样的疑问出发，试图解答这个尘封了四分之三个世纪的谜题。正是这次搜寻，人们发现了马洛里保存完好的遗体，在珠峰低温、低压气候的保护下，他的肌肉线条仍清晰可辨，强壮有力，修长优美。他静静地趴在珠峰北壁的斜坡上，头顶带毛边的皮质安全帽，身着自然材料做成的衣服，腰系原始的粗糙绳子，脚蹬老式的带齿靴子。在这个高度，其他的遗体多覆于鲜艳的 GORE-TEX 冲锋衣之下，衬得马洛里尤为显眼。

这不是一具普通的遗体，而是整个珠峰初代挑战的缩影。

搜寻者从他的遗物中获得了一些线索，却并未探寻到欧文的踪迹以及两人所携带的相机。权衡各方证据后，多数人认为马洛里与欧文登顶的概率微乎其微。但换个角度想，"他们登顶了吗？"也许可以被另一个问题"这真的重要吗？"所代替。不论是否登顶，在彼时极度有限和落后的条件下，两位先驱已经创造了世界攀登史上的最高纪录，并保持了 29 年之久。尤为可敬可叹的是，若非那股不可战胜的精神力量和永不妥协的坚定信念，人类怎能在珠峰8000 米之上取得如此辉煌的成就？而这，也正是乔治·马洛里和安德鲁·欧文永垂不朽的原因。

2. 问鼎珠峰

马洛里和欧文之后,更多探险队出现在珠峰,他们缓慢而稳健地沿着前辈的遗志继续向上攀爬。1949年,经过几个世纪的闭关锁国,尼泊尔终于向外部世界打开了边境。于是,1953年,一支计划缜密的英国探险队,带着过去二十余载积累的攀登珠峰经验和近乎军事行动所需的强大装备,满怀激情地从尼泊尔境内向"世界之巅"发起挑战。

(1)准备

为确保后勤补给不出任何问题,探险队足足装备了13吨物资,又在尼泊尔首都加德满都招募了350名搬运工。他们细致地分配好每一份物资,选用了两套先进的辅助氧气设备,并制定了详细的登顶方案。计划登顶的队员共有两组,其中第二组是被寄予厚望的来自新西兰的养蜂人埃德蒙·希拉里和夏尔巴人丹增·诺尔盖。

丹增出生于中国西藏,先后移居尼泊尔昆布地区和印度大吉岭。在大吉岭,登山向导的新式鞋服、有趣的冒险经历让丹增看到了山谷外的广阔世界,并指引他把登山作为自己的职业。19岁时,他开始跟随欧洲探险队攀登珠峰,通常被雇用为背夫队长。丹增在山上的出色表现让英国人逐渐意识到，就珠峰而言，他是最有经验的人选。因此，在1953年的远征中，丹增身兼登山者与夏尔巴向导队长两个角色。希拉里则是一位又高又瘦、沉默寡言的新西兰养蜂人，二战服役期间，他开始在本国登山界崭露头角，首次登顶了新西兰的塔普艾努库峰（Tapuaenuku），并在退伍后养成了攀登的习惯。虽然新西兰的山脉整体略低于阿尔卑斯山脉，但攀登前者难度更大，需要更高的技巧，这也为他后来的珠峰探险奠定了坚实的基础。

（2）登顶

完善的装备、充足的补给、周密的计划以及明星般的阵容，让登山队平稳、有序地一路前进。5月26日清晨，第一组的两名登山者率先向顶峰发起冲击，并到达了人类当时攀登的最高处——海拔8750米的南峰。在这里，他们不幸遭遇了氧气设备的系统故障，只能在低氧和狂风中遗憾撤退。尽管第一组没有成功——仅距离顶点约100米——却为第二组的希拉里和丹增提供了重要信息和宝贵经验。

5月29日，希拉里和丹增决定冲顶。清晨6:30，由丹增带路，两人从九号营地出发。8:00左右，他们来到了第一组队员3天前到达的位置，接着，便走上了人类未曾踏足的地方。9:00前后,希拉里发现了一块高达12米的极陡岩壁——冲顶最难逾越的阻碍——日后的"希拉里台阶"。大约10:00,排除万难,涉险通过岩壁后,两人继续向上推进,顶峰近在咫尺。

"我抬起头,头顶上是一个圆形的雪堆。我又挥动了几下冰镐,小心翼翼地向前迈出了几步,丹增和我终于到达了山顶。"希拉里后来写道。就这样,在1953年5月29日11:30左右,希拉里和丹增成为历史上最先登顶"世界之巅"的勇者。

(3)荣誉

1953年6月2日,《泰晤士报》早间版抢先报道了登顶的壮举,而当天恰逢伊丽莎白二世加冕。两项重大事件的"碰撞"引起了全世界的轰动。加冕典礼上充满了喜悦与希望:问鼎"世界之巅"的荣耀,象征着伊丽莎白女王新时代的开始,英国人民终于从二战结束后的艰苦日子中走出来,自豪的爱国主义找到了最佳的释放机会,"人们热烈地谈论着,仿佛那就是他们自己的丰功伟绩",当年报道登顶珠峰新闻的记者,在40年后的《珠峰加冕》(Coronation Everest)一文中写道。

站上"万山之尊"最高点的伟大成就使希拉里和丹增

迅速成为全球偶像。女王向希拉里授出自己登基后的第一个爵位，他的形象被印在了邮票、电影海报以及图书、杂志的封面上，还出现在新西兰 5 元纸币的正面。丹增则被授予了乔治勋章，被誉为印度和尼泊尔的传奇，成为夏尔巴人心目中的民族英雄。

3. 中国首次登顶

1956 年 5 月，瑞士登山队从尼泊尔境内的南坡登顶珠峰，成为时隔三年的第二支登上"世界之巅"的队伍，紧接着，北坡何时破局便成为全球登山界热议的焦点。尽管此前的各国探险队多次折戟，屡屡无功而返，但中国登山队并没有让大家等待太久——仅仅四年后就实现了北坡登顶的历史性突破。

（1）苏联的提议与变卦

基于两国在登山运动上的前期交流合作成效，1957 年 11 月，苏联方面提议，与中国组建联合登山队，于 1959 年 3—6 月登上珠穆朗玛峰，以之作为中华人民共和国成立 10 周年献礼。

尽管当时攀登珠峰的条件尚不成熟，资金、装备以及人员方面的挑战都很大，且西藏边境也暂不向国外开放，但在时任国务院副总理兼体委主任贺龙的支持和苏联驻华使馆的推动下,周恩来总理最终表态"可以考虑来"。

于是,1958年夏天,中苏双方共同制定了攀登珠峰的三年行动计划,即1958年侦察、1959年试登、1960年登顶,并达成共识——高山装备、高山食品由苏方负责,中方负责全部人员、物资从北京至珠峰山下的运输,以及较低海拔的物资装备。

从今天看,人员和登山物资的运输是一件再简单不过的事情。但当年,仅准备物资就千头万绪,修建从日喀则至珠峰脚下的进山公路更是挑战重重。为此,中央专门拨付了几百万元专项经费,贺龙副总理也再伸援手,争取到了当地军区的协助。

就这样,修路工作如火如荼地推进,北京的中苏联合侦察组也动身抵达珠峰,开始选址大本营,架设无线电台,建立气象观测站……并赶在1958年11月底前基本完成了既定任务。

按照中苏联合攀登珠峰的计划,1959年双方将共同到西藏试登。不过,到了3月下旬,在苏联登山队动身赴中的前一天,苏联体委突然通知任务取消,且未说明原因。接下来的半年,苏联方面一直以技术上准备不充分为由而迟不露面。事实上，当时的中苏关系已经走向决裂，只是还没有公开化。因此，最初由苏联提议的联合登顶珠峰活动，注定无法再继续。

（2）我们自己干

1959年10月20日，贺龙副总理把体委副主任黄中、登山队队长史占春等人请到办公室，询问中国独自攀登的可能性。史占春表示，攀登方面的困难可以尽力克服，但最大的问题是缺少8000米以上的高山装备。按照中苏此前的协议，高山装备、高山食品由苏联负责，此时，其显然不可能再支援。于是，贺龙副总理给出了去国外采购装备的提议。接着，他又给大家鼓劲儿："他们不干，我们自己干！任何人也休想卡我们的脖子。中国人民就是要争这口气，你们一定要登上去，为国争光。"

1959年和1960年正是"三年困难时期"的前两年，但在刘少奇主席、周恩来总理的关心和国家计委、外贸部、民航局的支持下，登山队还是于1960年3月20日从瑞士运回了6吨重的高山装备。抱着争一口气的决心，3月24日，"三次适应性行军+突击冲顶"的攀登计划在珠峰大本营正式确定。

第一次适应性行军，全体登山队员从大本营出发，到达了海拔6400米的营地。大部分队员于次日返回休整，副队长许竞则带领侦察小组继续攀高，提前为队友打通珠峰的北坳路线。在许竞一行的开路下，第二次适应性行军有40人达到了北坳顶端。4月25日，身体状况良好的55名登山队员开始了第三次适应性行军，并在短短几天内就攀上了北坳顶部。但4月29日中午突如其来的猛烈暴风雪给登山队的继续前行带来极大困扰，直到5月1日傍晚，大部队才抵达海拔7600米处。5月3日，许竞、贡布、石竞、拉巴才仁4人在海拔8500米的位置建立了最后的突击营地，史占春和王凤桐则将路线开拓至海拔8695米的高度。尽管第三次行军的成效超过了预期，但严重减员的残酷现实——返回大本营后的检查发现，有34人受到了不同程度的冻伤，包括队长史占春都不得不转到日喀则治疗——也让进山以来持续处于亢奋状态的登山队，一时陷入了低潮。

得知登山队情绪低落，周恩来总理、贺龙副总理第一时间给予了安慰和鼓励，并做出了"要重新组织力量攀登顶峰"的指示。

总理对登山的关注，和我国正与尼泊尔就珠峰归属的争议有关。此前几年，尼泊尔通过对丹增·诺尔盖从南坡登顶珠峰一事的反复宣扬来影射：你们中国人都没上去过，怎么能说是你们的？

（3）扬威北坡

肩负总理的嘱托和为国出征的使命，1960年5月13日，突击主峰部署会在大本营正式召开。副队长许竞被任命为突击组组长，组员包括在前几次行动中担任运输任务的王富洲、经验丰富的刘连满和"轻伤不下火线"的藏族队员贡布，伐木工人出身的屈银华等10人承担最后的关键运输任务——将物资运到海拔8500米高度。5月17日，隆重的誓师大会后，4名突击组员轻装出发。

经过几天艰苦而快速的行军，5月23日下午2点，突击组和运输队均顺利到达了海拔8500米的突击营地，支起帐篷略作休整。不料，24日清晨刚出帐篷，前期体力消耗过大的组长许竞就病倒了。无奈之下，王富洲接任突击组长，运输队员屈银华临危受命，成为新的突击组员。大约2个小时后，新四人组来到了通往珠峰的最后一道难关——"第二台阶"。

"第二台阶"总高20多米，相当于一栋七八层高的楼房，其整体十分陡峭，尤其是位于顶部的一道4米多、几近垂直的光滑岩壁堪称"天险"。面对这个"天险"，突击组多次尝试攀登都没能成功。时间一分一秒地流逝，消防员出身的刘连满突然想到了搭人梯的办法。他主动蹲下,让大家踩着自己的肩膀攀登。排在最前面的屈银华不忍心穿着满是钉子的高山靴踩在队友肩上,便脱下 4 千克重的靴子,又因为鸭绒袜子太滑,遂只穿一双薄毛袜进行打钢锥和攀爬——屈银华的双足脚趾和足跟由此彻底冻坏而后被切除。

在 8600 米的"死亡高度",凭借"人梯"刘连满超过一小时的稳稳支撑,屈银华抓着打下的钢锥,终于爬上了"第二台阶"顶部。紧接着,刘连满又把贡布、王富洲两人顶了上去。待上面的三人放下绳子,合力将"人梯"拉上之时,已是 24 日 17:00。

来不及歇息,片刻后四人继续结组前进。不久,长时间开路和甘为"人梯"的刘连满越来越虚弱。其余三人只能将他在海拔 8700 米处安置好,将所剩无几的氧气留下一瓶,回程时再接他。此时已是晚上 19:00 左右,为了不错过最后的冲顶时机——此前天气预报显示 25 日天气将转差,三人选择摸黑行军。

1960 年 5 月 25 日凌晨 4:20,王富洲、贡布、屈银华三人终于到达顶峰,完成了人类历史上第一次从北坡登顶的壮举,为世界登山史写下了光辉的一页。

1961 年,《中尼边界条约》正式签署,两国历史上遗留的边界问题得到解决。1975年，中国登山队女队员潘多和8名男队员从北坡登上珠峰，创下男女混合集体登顶"万山之尊"人数最多的世界新纪录。在这次攀登中，队员们借助屈银华当年打下的钢锥，在"第二台阶"最难攀登的岩壁上架起了一座近6米的金属梯，后来的国内外登山者都是通过这个梯子到达珠峰之巅，并亲切地将它称为"中国梯"。

如今，以1960年的钢锥为支撑点、1975年竖立的"中国梯"已被收藏进西藏登山学校内的珠峰登山博物馆，"第二台阶"处又换上了一架新的"中国梯"。尽管当年的登山前辈们多已故去，但他们探险珠峰的壮烈历史和首次登顶的无畏精神，都将由这一旧一新两架"中国梯"讲述和传承开去。

表6 珠穆朗玛峰的首登纪录

纪录	时间	登山家
首次登顶	1953年	埃德蒙·希拉里（新西兰），丹增·诺尔盖（夏尔巴人）
中国首次登顶	1960年	王富洲，贡布，屈银华
女性首次登顶	1975年	田部井淳子（日本）
中国女性首次登顶	1975年	潘多
首次"无氧"登顶	1978年	莱茵霍尔德·梅斯纳尔（意大利），彼得·哈伯勒（Peter Habeler，奥地利）
中国女性首次"无氧"登顶	2022年	何静

（六）14+7+2：超越海拔极限的勇气

"14+7+2"，是登山者眼中至高无上的荣耀，分别代表登顶14座8000米以上山峰、登顶七大洲最高峰，以及以探险的方式徒步滑雪抵达南北两极极点。迄今为止，全世界只有两人完成这一壮举，一位是来自韩国的朴英硕，另一位是中国人张梁。

2011年，朴英硕在安纳普尔纳峰的探险中不幸遇难，张梁成为"14+7+2"纪录创造者中唯一健在之人。从农行深圳分行的一名普通员工，到实现人类登山探险的终极目标，他曾经历4次重大山难，9次放弃冲顶，亲历12名队友遇难，以及数十次死里逃生。

1990年代末，张梁因参加了几次小型爬山活动，而被"拐进"《万科周刊》的"游山玩水"论坛。在那里，他接触到深圳最早的 批户外探险爱好者，并愈发着迷于周末集体"刷山"——2000年登青海玉珠峰前，张梁已经刷完了深圳每一座叫得上名字的山峰。

2003年，张梁与时任万科董事会主席王石一起作为中国业余登山队队员攀登珠穆朗玛峰，以纪念人类首次登顶珠峰50周年，但因救援伤者而遗憾止步8300米处。不过，接下来的两年内,他先后登上了卓奥友峰和珠穆朗玛峰。之后,张梁于 2005 年和 2008 年分别抵达了地球南北两极的极点,不久又征服了希夏邦马峰。2009 年,当与王石结伴登顶马纳斯鲁峰时,后者问他:"有没有想过完成全球所有 14 座 8000 米以上的山峰?"张梁随即来了兴趣,完成"14+7+2"终极挑战的想法也悄然萌发。

从 2004 年 9 月登顶第一座 8000 米级山峰卓奥友峰,到 2018 年 6 月成功挑战北美最高峰迪纳利山,张梁用不到 14 年的时间实现了人类登山探险的极限目标"14+7+2"(见表 7)。从最初请假登山,尽量不耽误银行的工作,到后来农行成为他的赞助商之一,支持他继续挑战高峰,张梁用自己的行动逐渐获得了社会的认同,也一步步地走向更广阔的空间。这 14 年中,他遭遇过速度 41 米每秒的狂风和雪崩、滑坠、滚石、塌方等险况,体验过零下 50 度的极寒和含氧量三分之一的稀薄空气,应对过 83 度角的陡峭岩壁甚至是北极熊的袭击,每一次的登山经历都可以说是与死神共舞,但最终均有惊无险。

表7 张梁"14+7+2"探险时间线

山峰/极地名称	海拔高度/徒步距离	山峰排名	登顶/到达时间
卓奥友峰	8201米	世界第六高峰	2004年9月
珠穆朗玛峰	8848米	世界第一高峰/亚洲最高峰	2005年5月
南极点（The South Pole）	120公里		2005年12月
北极点（The North Pole）	逾600公里		2008年5月
希夏邦马峰	8027米	世界第十四高峰	2008年10月
马纳斯鲁峰	8163米	世界第八高峰	2009年9月
道拉吉里峰	8167米	世界第七高峰	2010年5月
洛子峰	8516米	世界第四高峰	2011年5月
马卡鲁峰	8485米	世界第五高峰	2012年5月
布洛阿特峰	8051米	世界第十二高峰	2012年7月
干城章嘉峰	8586米	世界第三高峰	2013年5月
乞力马扎罗山	5895米	非洲最高峰	2013年10月
迦舒布鲁姆II峰	8034米	世界第十三高峰	2014年7月
安纳普尔纳I峰	8091米	世界第十高峰	2015年3月
阿空加瓜山	6962米	南美洲最高峰	2015年12月
迦舒布鲁姆I峰	8080米	世界第十一高峰	2016年8月
厄尔布鲁士峰（Elbrus）	5642米	欧洲最高峰	2016年9月
文森峰（Vinson）	4892米	南极洲最高峰	2017年1月
查亚峰（Carstensz Pyramid）	4884米	大洋洲最高峰	2017年3月
乔戈里峰	8611米	世界第二高峰	2017年7月
南迦帕尔巴特峰	8125米	世界第九高峰	2017年10月
迪纳利山	6194米	北美洲最高峰	2018年6月

如果说登山探险是对每位攀登者体能和技术的考验，那么放弃冲顶则体现了顶尖攀登者的智慧与理性。张梁最难能可贵的，正是敢于放弃——不计较一山一峰的得失。

王石描述张梁，并非是穷极一生只为一个目标的赌徒。有"登山皇帝"之称的意大利登山家梅斯纳尔曾这样说道："我所有的成功其实都不值得炫耀，唯一让我骄傲的是，我活了下来。"

风物长宜放眼量，留得生命在，岂愁没山攀？张梁能够成为全球唯一一位健在的"14+7+2"纪录保持者，绝非仅靠上天眷顾。

三、登山往事

从最初生存与利益的驱动，到对荣誉和非凡体验的追求，登山活动在人类数千年的历史进程中积蓄力量，逐渐演变为更完善、更文明、更精彩的大众休闲和竞技项目。登山者们挑战极限的决心、勇气与智慧，推动了登山事业的发展，也使每一段登山往事的背后，充满了热情的灵魂、不屈的精神和人性的光辉，并在高山上世代传承。

（一）自由、平等、安全地登山

在大多数山区尚未开发前，高昂的资金和时间成本，让户外登山"局限"为上流贵族男性的专属。随着基础设施的兴建和登山爱好者的推动，登山才慢慢转变为更加大众化的运动。如今，高山属于每一个热爱它的人，无关收入、性别和年龄，人人都能更自由、更平等、更安全地享受登山的乐趣。

1. 山不在乎你是谁

尽管早自20世纪起，从中国飞抵阿尔卑斯区域已无须超过一天，但在铁路交通没有大规模来临的年代，欧洲之内的跨国行往往都要数天甚至数周之久。受经济条件和工作时长的制约，挣扎在生存线上的工人阶级难以负担高昂的旅行成本，因此，探索阿尔卑斯山脉只是欧洲贵族和富裕阶层特有的休闲活动。那时，向山而行不仅是时尚的体育运动，也是社会地位的象征。不过，随着时间推移，这项活动逐渐融入更广泛的社会群体，让更多人在高山上尽情地展示技艺。

（1）阿尔卑斯俱乐部：从贵族阶层到登山精英和爱好者

伴随"阿尔卑斯黄金时代"的到来，历史上第一个登山俱乐部——阿尔卑斯俱乐部在伦敦成立。这个以律师为主，包括牧师、大学教师等在内的12位精力充沛、富有博爱精神的创始人组成的俱乐部，崇尚不被制度束缚的生活方式，虽然入会要求较为严格——只接纳具有一定登山技术水平和著名山峰攀登经验的人士——但明确预示着登山已从上流贵族的专属活动，朝向职业精英的体育运动转变。

相对英国阿尔卑斯俱乐部的"精英化"，欧洲其他国家的阿尔卑斯俱乐部显得更加开放——它们面向更广泛的大众，且不设立经验和技术门槛，因此，登山运动在这些欧洲国家迅速地发展起来。到1890年，英国阿尔卑斯俱乐部的会员为475人，德国和奥地利俱乐部的会员则均已超过18000人。随着会员数量的增长，阿尔卑斯山区的公共设施得到了显著改善：欧洲大陆的各俱乐部陆续启动了山间小屋的建造工程，这些小屋的出现，为登山和旅行者提供了临时的居住场所，使他们无须随身携带帐篷，也能在山间小憩或过夜。为了提高安全性，俱乐部还在风险较高的悬崖峭壁间，安置固定绳索和其他登山设备，让高山向导与登山游客在攀登的过程中更加便捷、安全。

（2）铁路变革与岩冰俱乐部：工人阶级登场

因为路途遥远，英国登山者通常只会在长假期进行攀登，但生活在如德国慕尼黑、意大利都灵和瑞士日内瓦（均位于阿尔卑斯山脉附近）等城市的居民，即使在短暂的周末，也能享受登山之乐。

从19世纪中后期开始，铁路的大面积修建连接了阿尔卑斯山脉和相关城市，穿过山体的隧道、架在高空的缆车以及城市道路网络的发展也呈现出新景象，距离对登山运动的阻碍逐渐趋弱。一战后，那些出身底层却名声显赫的登山者，其职业生涯都或多或少地受到了铁路发展的影响。

1949年，随着一批年轻活力、思想前卫的登山者涌现，以工人阶级为主力的岩冰俱乐部（Rock and Ice Club）在英国曼彻斯特成立。岩冰俱乐部早期的一些成员，如乔·布朗（Joe Brown）和唐·威尔兰斯（Don Whillans）等也被尊誉为英国的攀登先驱。乔·布朗是一名建筑工人，唐·威尔兰斯曾是一名水管工学徒，他们的登山启蒙并非源于阿尔卑斯俱乐部，而是来自与同伴在城市周边、城外高山和远行野营的冒险经历。沉重的装备和山区的长途跋涉磨炼了他们的体能与毅力，也使两人更深刻地领悟到大自然的自由与包容。

两位来自工人阶层的年轻登山者，在1951年的一次户外登山活动中相遇，随即开启了传奇般的合作。他们一同攀登、开拓了多条著名路线，如阿尔卑斯山脉的布拉蒂埃针峰（Aiguille de Blaitière）西壁——该路线包含两个阿尔卑斯山脉最难攀登的制高点。

除了彼此合作，布朗和威尔兰斯在各自的登山生涯中，也取得了不少显著成就。1955年，乔·布朗与乔治·班德（George Band）沿着几乎未被开发的路线，首次登顶了世界第三高峰——干城章嘉峰。唐·威尔兰斯则在巴塔哥尼亚地区（Patagonia）以及喜马拉雅山脉的赤仁玛峰（Gauri

Shankar)、安纳普尔纳峰开展了一系列探险活动，出色的判断力和坦诚直率的性格使其在登山圈广受尊敬。

布朗和威尔兰斯的故事证明了一个事实：山不在乎你是谁，它包容每一位攀登者。即便是出身工人阶级的登山运动员，通过克服社会与经济的重重障碍，凭借卓越的技术、坚韧的精神与无比的热爱，同样可以成为高山舞台上闪耀的明星——这为众多普通爱好者树立了现实榜样。

布朗和威尔兰斯的传奇，以及岩冰俱乐部的成立，不仅推动了登山运动在不同社会层面的开展，也标志着登山攀岩文化的一个重要转变：不再是富裕阶层的专属，每个人都有自由登山的权利和征服高峰的机会。

2. 女性的攀登之路

19世纪的登山运动，对男性都饱含道德争议，就更不必说于那些渴望登山的女性了。受制于当时社会和文化的枷锁，女性攀登高峰是不可想象也不被接受的。然而，随着反社会限制的潮流兴起，最勇敢的一批女性开始向往自由的高山——她们脱下长裙，穿上裤装，手持登山杖和绳索，义无反顾地踏上通往山巅的征程。在凶险的高山上，女性登山者以坚定的意志和精湛的技能向世人证明，她们同男性一样，也有挑战山峰的实力。

（1）女性也能登顶

勃朗峰首登之时，人们普遍认为登山是纯粹的男性运动，并存在这样一种观点：西欧最高峰不是女人能攀登的。然而，高山狂热爱好者亨利埃特·德·安热维尔（Henriette d'Angeville）很不屑于这种偏见。安热维尔生于法国大革命时期，来自被剥夺了土地所有权的贵族家庭。在搬迁至能欣赏到阿尔卑斯山脉的新家时，壮丽的山景使她萌生了攀登的想法。即使在考虑登山时就遭到强烈的反对，安热维尔仍对登山有着超越常人的执着：她无视医生和牧师等的善意劝告，谢绝了所有的访客，首先攀登了两座约2500米的山峰作为"热身"，又婉拒了其他男性登山队的招募，坚持独自带队攀登勃朗峰。

1838年，安热维尔的勃朗峰之行正式启程，她的登山队由6名向导与6名背夫组成。在攀登过程中，安热维尔拒绝了用骡子驮一部分路程的建议，坚持凭自己的力量达到山顶。尽管在行程中饱受高原病的威胁，但事实证明，她的体能和毅力足以胜任这次攀登。最终，当站在勃朗峰之巅时，安热维尔让向导们把她抬到肩上高高举起，那一刻，她就是欧洲"地位"最高的女人！

这次开创性的登顶使安热维尔成为巴黎某些社交圈的明星，但她的探险之旅远不止于此——在后来的岁月里，这位热爱高山的贵妇又完成了29次攀登，甚至69岁高龄时还勇敢地登上了3123米的奥尔登峰（Oldenhorn）。对安热维尔来说，登山不仅是一项基于兴趣的休闲活动，也是一种对性别平等的宣誓方式。她在探险期间发表了一系列登山笔记，以此激励那些像她一样热爱高山的女性，勇敢地追求自己的登山梦想。

（2）被非议的女登山者

女性在登山时所面临的困境，远不止山路的崎岖陡峭和气候的变幻莫测，相对于男性登山者，她们还要直面社会习俗的约束和性别偏见。19世纪的欧洲，社会阶层较高的女性普遍生活在严苛的环境中，裙装作为女性的标准服装与男性的裤装形成反差，以满足当时社会对女性柔美、高贵和体面的期待。然而，这样的服饰规范大大限制了女性的活动，在登山实践中存在诸多不便，尤其影响了腿部的运动范围，使攀爬和行走变得困难，还易被绊倒，对于山间多变的气候，裙装也不如长裤那样具有适应性。

受长裙困扰的登山者比比皆是。著名登山家凯瑟琳·理查森（Kathleen Richardson）一生中完成了176次攀登，包括 6 次首登和 14 次女性首登，以在所有探险中均着裙装而闻名。但有一次攀登中，同伴的长裙带动了石块的滚落，她差一点因此丧命。热爱登山的亨利·沃里克·科尔曼夫人（Mrs. Henry Warwick Cole）对裙装抱怨颇多，甚至在她出版的书籍《一位女士的罗莎山之旅》（*A Lady's Tour round Monte Rosa*）中，专门强调女性登山时应注重着装的适宜度，并提出了实用建议，如在裙底缝上松紧绳，以方便攀登时能够卷上去。一些女性登山者选择在裙子里穿马裤，代表性的有知名登山家梅塔·布雷武特，她会在经过离山最近的一个村子后，避开外人悄悄脱下裙子。打破着装规范可能会引起非议，但也有少数女性勇于对抗传统，例如，理查森的登山密友玛丽·帕永（Mary Paillon）就选择了更合理的方案——直接穿男装。不过，面对舆论的指责，只有极少数人能像她一般勇敢。直到 1920 年代，女性穿着裤装才逐渐被社会所接受。

如果说，拒绝裙装的女登山者被认为不合规范，那么与丈夫之外的男性一同登山，则往往面临更严厉的指责。当然，受此影响的不仅仅只有女性，无向导攀登先驱阿尔伯特·弗雷德里克·穆默里，就因频繁地与女性一起登山而引发争议。

（3）不被认可的成就

除了裙装的不便，女登山者的成就往往亦不被认可。例如，被誉为女性登山先驱的露西·沃克，一生中进行了 98 次独立探险，其中多次为女性首登。最著名的，要数在与布雷武特的竞争中，抢先登顶马特洪峰的壮举。然而，她的成就却遭到了媒体的炮轰。《纽尼顿观察家报》（*Nuneaton Observer*）就曾声称"这并非是值得效仿的榜样"，因为"登山不是女人的工作"。无独有偶，当米里亚姆·奥布赖恩·安德希尔（Miriam O'Brien Underhill）与搭档艾丽丝·达梅斯姆（Alice Damesme）首次登顶海拔 3482 米的格莱蓬山（Aiguille du Grépon）后，著名登山家埃蒂安·布鲁尔（Étienne Bruhl）便嘲讽道："格莱蓬已经消失了。现在，它被两个女人征服，没有自尊心的男人才会去尝试它。"

阿尔卑斯俱乐部也长期将女性拒之门外，即使她们有着媲美男性的实力。1907 年，一群女登山家自发成立了女子阿尔卑斯俱乐部，但其地位却被普遍认为低于男子俱乐部。一战后，女权运动唤起了女性的政治意识。首位登顶并翻越库克山（Mount Cook，新西兰最高峰）三大主峰的女登山者弗芮达·杜福尔（Freda Du Faur），就因不满女子阿尔卑斯俱乐部的从属地位，积极投身于女性选举权运动，试图争取更平等的社会认可。随着运动的推进，女性权益逐渐受到广泛重视。然而，多数男性会员依旧拒绝与女登山者交谈，他们的态度冷漠、高傲，甚至充满敌意。直到1975年，阿尔卑斯俱乐部成立100多年后，女性登山者才最终被该组织接纳。至此，女子俱乐部圆满地完成了它的历史使命，两个组织的合并，也为阿尔卑斯俱乐部新添了150名优秀成员。巧合的是，田部井淳子正是在这一年登上了珠穆朗玛峰，成为历史上首位登顶珠峰的女性。她的成功与欧洲女登山者们的突破遥相呼应，共同为女性的成就争取了更大的尊重与认可。

（4）男女平等地登山

阿尔卑斯俱乐部的合并，展现了登山运动中性别平等的发展趋势。随着时代的进步和先驱的抗争，女性在登山运动中的地位最终被社会承认。当越来越多的女性走向高山，与男性平等地攀登，更加宏伟的东方山脉自然成为她们的心之所向。

1975年5月16日，日本女子珠峰登山队副队长、35岁的田部井淳子从南坡登顶，至2024年12月31日，全球已有超过900位女性成功站上万山之巅。她们勇敢地打破了性别壁垒，证明即使在高度要求体能和勇气的领域，女性也能像男人一样取得成功。虽然，无论是田部井淳子，还是帕桑·拉穆（Pasang Lhamu，首位登顶珠峰的女性夏尔巴人），在她们所处的性别保守的国家仍能听到关于"回归家庭"的劝说，但性别偏见已不是阻止她们攀登的障碍。与此同时，像新西兰的丽迪亚·布兰黛（Lydia Bradey，第一位"无氧"登顶珠峰的女性）、奥地利的格琳德·卡尔滕布鲁纳（Gerlinde Kaltenbrunner，第一位"无氧"攀登14座8000米高峰的女性）、中国登山家潘多（第一位从北坡登顶珠峰的女性，见专栏3）等等，这些生于性别相对平等国度的女性已经成为国家荣誉的象征。她们所展现的实力、勇气和热情，激励了一代又一代女登山者的参与。时至今日，女性攀登珠峰已不再遥不可及，根据喜马拉雅数据库显示，2000年以前，全球登顶珠峰的女性仅52人，而在之后的短短20多年时间里，就有超过700位女登山者续写辉煌。

专栏3 巾帼英雄潘多

1975年5月27日,中国登山队藏族女队员潘多从北坡登上珠峰,成为第一位问鼎珠穆朗玛峰的中国女性,同时也是世界上首位从北坡挑战成功的女子运动员,且只比南坡登顶的田部井淳子晚了11天。

1939年,潘多出生于西藏昌都的一个农奴家庭。1958年进入拉萨"七一"农场前,做过牧童、织女、背夫,还曾流浪漂泊于南亚的印度、尼泊尔等国。1959年初,中国登山队主要负责人许竞来"七一"农场选拔登山队员,潘多成功入围。经过几个月的高强度训练和自主加训,潘多的登山技能大幅提升,并在当年7月与另外7名女队员登顶慕士塔格峰(7546米),打破了彼时女子登山高度7456米的世界纪录。1961年6月,潘多与队友再次创造全新的女子登山高度世界纪录——7595米(公格尔九别峰)。公格尔九别峰的攀登经历对22岁的潘多来说可谓悲喜交加,悲的是登顶下撤过程中5名队友因跌入冰裂缝或遭遇雪崩不幸遇难,其中就有与她亲如姐妹的挚友西绕;喜的是尽管几次濒临绝境,遭遇严重冻伤和雪盲症,但她最终化险为夷返回营地,并在适应性训练和登顶返回过程中与未来的丈夫邓嘉善相识相知,培养了感情。1963年春节,两人喜结连理,儿子邓芥祺、大女儿邓西君以及小女儿邓卓君分别于1965年、1967年、1974年出生。

1974年,"中国男女混合珠穆朗玛峰登山队"组建,邓嘉善担任副政委,还在哺乳期的潘多勇担副队长之职,负责高山物资的运输。后来,由于第一批登顶突击队在冲顶途中受到重创,潘多被编入新的突击队,最终与另外8位男队员一起在1975年5月27日站上珠峰之巅。

珠峰归来,潘多继续奋战在体育战线。1980年,夫妻二人回到邓嘉善的家乡无锡,潘多就职无锡市体育委员会副主任直至退休。世纪之交,这位以"苦字面前不摇头、难字面前不低头、死字面前不回头"著称的巾帼英雄再次与"山"结缘,受聘位于上海市宝山区的同洲模范学校,担任名誉校长。在世时,她每年都会给孩子们讲述登山故事,用攀登精神激励他们朝着心中的目标勇敢前行。

3. 守护力量的演进

众所周知,登山是一项充满危险的运动,而危险也可以理解为登山的天然属性，甚至是意义之一。当然，危险亦限制了登山运动的推广。在"黄金时代"，没有便携的氧气瓶，没有先进的天气预测方法，更没有高科技的卫星定位系统，登山者的装备粗糙而沉重，落后的冰镐、冰爪、绳索是他们为数不多的依靠。人们常常在山间迷路，饱受风霜雨雪的侵袭，失足摔落等意外事故亦频频发生。

如今，我们有幸享受技术进步带来的便利，借助现代化的辅助工具，即使是新手也有机会领略高山的壮美，特别是登山装备的迭代、地图技术的革新、高山向导的发展，已大大提升了登山活动的安全性。

（1）生命的保障——登山装备的迭代

在登山工具的使用上，早期的探险家没有太多选择，那时的登山装备大多为手工制作、组装而成，原始且简陋，却陪伴登山先驱们探索出一条条通往山顶的道路。"黄金时代"的他们穿着厚重的羊毛外套、马甲和高筒皮靴，来抵御高海拔的寒冷；制鞋匠将锋利的尖钉敲入皮革鞋底，组装成攀岩钉靴，为行走于陡峭山路的勇士们提供稳定性；把牧羊人的手杖与伐木工的手斧相结合，就组成了第一代冰镐，帮助登山者攀爬近乎垂直的冰墙或岩壁。

随着工业化进程的加快，登山装备在实践中更新换代，越来越切合使用者的习惯。新材料、新技术的引入，为安全、便利地登山提供了更多可能。进入 20 世纪，尼龙革命推动了合成织物的诞生，新型的机械设计促进了户外装备的迭代，不仅让帐篷、背包、睡袋以及抗寒衣物更轻薄耐用，还使攀登绳索、锁扣等保护装备更加结实牢固。同时，质地更均匀、防滑性和耐磨性俱佳的橡胶或聚氨酯鞋底取代了早期的钉鞋，冰镐变得更短和更宜持握，金属柄、组件系统的研发和普及，替代了落后的木镐柄，更方便登山者携带与使用。

除此之外，高山氧气装置可能是最振奋人心的发明了。在很早以前，人类就认识到自身对环境有限的适应力，即便是具有高山基因的夏尔巴人，也难以长期定居在海拔 5200 米以上的高原——那里的氧气含量仅约为海平面附近的一半。越往高处走，氧气就越稀薄，人体机能与运动能力就退化得越快。因此，为了保证安全地攀登更高的山脉，发明家们早在 20 世纪初就开始研制氧气装备。但在海拔 8000 米以上的强风和低温环境下，提供辅助氧气并不容易：调节阀门会冻冰，面罩会被狂风吹变形，管子外壁也会布满冰屑，等等，都可能阻碍氧气的成功输送。1920 年代，登山先驱乔治·芬奇（George Finch）设计的氧气装置，首先在珠峰探险队中进行了试验。尽管当时的设备笨重且使用烦琐，却也能辅助运输队员到达超过 8000 米的高度。随着科学家对人体认知的突破，经过大幅改进的氧气装置最终助力希拉里和丹增，实现了人类站上世界之巅的梦想。

过去半个世纪，便捷、轻量的氧气装置，为登山者提供了更多登顶的机会。俄罗斯制造商 Poisk 自 1982 年便致力于开发先进的呼吸器，并始终活跃在登山装备领域。今天，氧气含量、装置重量、防冻能力已不再是生产商关注的重点，登山者的使用体验逐渐成为新品研发的攻克方向。例如，面罩设计是否舒适合理、调节器是否便于监控和调整、氧气流量是否稳定等。目前，Ted Atkins 公司的产品 TopOut、Neil Greenwood 公司的产品 Summit Oxygen 已成为此一领域中的翘楚。

进入 21 世纪，新型材料的应用、发热技术的创新以及智能技术的突破，让登山装备的安全性再进一步，且更加多样化和个性化。登山者可以从美国 Black Diamond、法国 Petzl、德国 Edelrid、中国凯乐石等品牌处，挑选最适合自己的冰镐、绳索、帐篷等装备，因为这些专业的供应商都持有国际登山联合会（Union Internationale des Associations d'Alpinisme，UIAA，多表述为 International Climbing and

Mountaineering Federation）的安全标志。作为世界上最权威的登山运动推广和组织管理机构，其制定的关于对头盔、安全带、冰爪等20多种装备的安全检测标准科学且极为严格。我们欣喜地看到，除凯乐石外，江苏的走天涯、深圳的欣达、江苏的朝佳等中国本土品牌，也加入了UIAA安全标志的国际供应商之列，这无疑为他们的产品安全性提供了强有力的背书。在全球登山装备市场中，国产品牌的崛起，不仅展现了中国制造的实力，也让国人可以更便利地挑选兼具安全性与经济性的产品。

（2）找到去山顶的路——登山地图的革新

如何从山底到达数千米的山顶？若想安全地通过，地图导航是至关重要的辅助。过去，山区地图必须通过专门的实地测量，来确保制图的准确性。更早的时候，人们则只能根据当地猎户、探险家的口述，或依照制图师的手绘寻找方向——这种地图仅是用画笔粗略地勾勒山脉的高低起伏。后来，地形测量仪器的发明，经纬仪、平板仪等工具的运用，高程点、等高线等技巧的普及，让测绘工作更加严谨，地图的呈现方式也随之更为直观。这一阶段的地图，无论山峰还是谷地，即便再细密的皱褶，也能较为清晰地跃然纸上。

二战以来，航空测绘的大发展、人造卫星的发射及其带来的突破性技术，为登山地图的制作提供了更加丰富而精确的数据源，也彻底改变了地图的制作方式，电脑成像几乎取代了手工制图。过去十年，登山运动员借助互联网、GPS 设备、智能手机等现代工具，就能轻而易举地获得通往山顶的详细路线。他们只需打开地图软件，完成定位，再结合卫星与地图图像、天气条件、地形障碍等关键信息，便可做出比此前任何阶段都更为准确、安全的决策。

从简单的手绘图纸，逐步演变为高精度、多功能的数字地图，登山地图的颠覆性变革既体现了科学技术的跨越式进步，又显著增进了人类对大自然的认知和理解，为户外探险提供了更多的安全保障。

（3）最可靠的伙伴——高山向导的发展

高山向导的职责是安全、科学、合理地引领登山者顺利完成攀登，在登山运动发展中扮演着不可或缺的角色。他们熟悉当地的地貌与气候特征，能够提供地理文化知识与登山路线指导；他们拥有一定的登山水平，能够传授必要的登山技巧和工具使用方法；他们会时刻观察客户的健康状况，给予及时、适当的建议和决策；他们会实时评估潜在的外部危险，组织并提供紧急状况下的撤离或救援。除此之外，他们还会为客户开展登山道德教育，包括环境保护的重要性、如何遵守"无痕山野"等环保原则，从而减少对自然环境的影响。当然，早期的高山向导的职责其实远不如现在这般明晰。

高山向导作为职业已有几个世纪之久。最初，他们通常是当地的牧民、伐木工、采矿人或猎户，对本地山脉有着格外深入的了解。随着18世纪晚期科学探险和登山旅游的兴起，阿尔卑斯山脉周边，尤其是勃朗峰脚下的小镇夏蒙尼，有越来越多的居民被富裕的探险者雇用，来提供路线导航和攀登指导——尽管这些当地人的山野知识极其有限，却也远胜于外来游客。19世纪初，随着人类登山探险的热情不断高涨，每年从世界各地前往夏蒙尼的游客高达两三千人，进而对向导的专业性提出了更高要求。于是，夏蒙尼当局成立了世界上第一个登山向导协会，并创办了夏蒙尼导游公司（Compagnie des Guides de Chamonix）。向导协会为当地向导提供培训的同时，也制定出明确的职业规范，以确保登山服务的质量，由此推动高山向导这一群体，向着更专业、更标准、更组织化的方向演变。

成立于1965年的国际高山向导联合会（International Federation of Mountain Guide Associations，IFMGA）是这一领域的权威机构，致力于培训高素质的登山人才，为游客提供更优质的服务，尽可能减少与登山有关的风险。经过近六十年的不断探索和完善，IFMGA 的高山向导培训和认证标准已高度系统化和科学化。

要想获得 IFMGA 资质有多难？即便拥有悠久的攀登历史和规模庞大的夏尔巴人，尼泊尔在过去的十余年中，也只有 70 多位高山向导成功通过了 IFMGA 的考核。根据国际高山向导联合会的规定，在接受正式培训前，每位申请者就必须已是经验丰富、能力突出、没有明显短板的登山高手。通过入学考试后，候选人将面对一系列闯关式的训练、考核与实践，包括攀岩、攀冰、夏季登山、冬季滑雪登山、安全知识及装备器材使用等多个基础模块。整个培训与评估的流程不少于 94 天，至少要花费 3 年时间才能完成。正因如此，获得 IFMGA 的资质认证无疑是高山向导的至高荣耀，这意味着他们拥有绝对的资格与能力，前往全球任何一座山峰进行攀登或从事向导工作，在同行中也具有更强的竞争力，能得到更丰厚的劳动回报。

在登山这项以危险著称的运动中，探险装备的升级换代、地图技术的演进革新以及高山向导的职业发展，共同为登山者的生命构筑了一道坚实的屏障，让他们在极限的生存挑战中，更加安全地迈向辉煌的顶峰。

(二)"铜臭味"的山

1990年代之前,攀登8000米以上的山峰是职业登山者才敢挑战的目标。如今,即便是业余爱好者,也能通过商业机构的支持,登上曾经遥不可及的顶峰,甚至是珠穆朗玛峰。这些机构以专业、细分、定制化的服务,在为更多普通人提供登顶机会的同时,也大大降低了攀登过程中的风险——过度商业化导致的"人祸"另当别论。从统计数据来看,珠峰探险正变得越来越安全:1953—1999年,1170人次的成功登顶,伴随着157位登山者的死亡,后者与前者之比为13.4%;而最近20多年,登顶珠峰的人次激增至11714(见图1),死亡人数则控制在168人,仅占登顶人次的1.4%。

注1:2014年因南坡罕见雪崩,珠峰攀登活动遭重创;2015年因尼泊尔大地震,珠峰攀登活动临时终止;2020年因疫情,珠峰攀登活动受到严重限制。
注2:人次以2025年1月24日的喜马拉雅数据库版本为准。

图1　2000—2024年珠峰登顶人次

1. 从为国登山到商业登顶

当高山作为边界且尚未得以开发之时,登顶山峰曾被视为宣誓"所有权"的一种象征。从这个角度看,登山运动与国家政治抑或民族主义有着千丝万缕的联系,甚至还一度成为帝国主义列强殖民的发力点,并在19世纪中期到20世纪中期的一百年左右时间中表现得尤为明显。

1865年,意大利登山家让-安托万·卡雷尔带着对祖国的热爱从军队服役归来,回到家乡和"他的山"——马特洪峰。卡雷尔拒绝了英国登山运动员爱德华·惠默尔的合作邀请,决心抢先从意大利的泽马特一侧登顶。这次巅峰对决,意味着与过去的伙伴成为竞争对手,更象征着意大利作为"新国家"的荣誉与尊严。

二战前后,民族主义和登山运动之间的联系达到了顶点。考虑到攀登高峰常被视作勇敢、坚韧和决心的象征,希特勒也借助登山活动展现他的世界观,并创立了一个纳粹国家组织——德国登山者联盟(Reichsverband der Deutschen Bergsteiger),其目的就是"引导德国登山者意识到他们崇高的使命,引导新一代,使他们学会无所畏惧,准备好应对任何斗争"。同时,法西斯和纳粹政权还深谙宣传之道——制作了一系列登山主题的影视作品,作为宣传其政治意志与力量的工具。另一方面，二战结束后，欧洲诸国千疮百孔，国民生活潦倒不堪，攀登高峰遂成为使人民从战火的创伤中恢复与重振的精神寄托。对世界最高山脉的探险也被普遍定位为国家声望项目，且更像是军事行动。各国纷纷建立喜马拉雅委员会，投入到 8000 米级山峰的争夺之中，例如，法国探险队在启程攀登之前，甚至被高层要求宣誓为国效力。如此的民族主义大行动让登山运动快速走进大众的视野，越来越多人因此逐渐领略到山峰和登山运动的魅力。

尽管有国家支持，喜马拉雅山脉的早期攀登者，仍集中在专业登山家、探险和科考人员范围内，以政府拨款或私人资助为主，鲜少跟商业挂钩。如希拉里和丹增首次征服珠峰的壮举，便主要是在英国喜马拉雅联合委员会（Joint Himalayan Committee）的组织、资助下完成的。随着登顶珠峰的新闻传遍全世界，登山运动进一步引起了社会关注。20 世纪六七十年代，与登山相关的商业活动开始兴起，一些大规模的探险计划吸引了诸如巴克莱银行、柯达等企业的参与。这些赞助商渴望通过资助登山探险，向世界展现其激情、开拓、勇敢等积极的品牌形象。

随着冷战结束，国家间的紧张形势有所缓和，中国与尼泊尔都在1990年代放宽了对珠峰探险的门槛,这又为登山运动的商业化发展创造了更多机会,商业登山机构的服务对象也逐渐由技术卓越的登山者,转向经验相对匮乏、但愿意支付高昂费用的普通爱好者。由于这些业余登山者对专业指导和安全保障的需求旺盛,进而催生了登山培训、装备选购、路线规划、向导支持等一系列服务项目。

2. 珠峰套餐

乔治·克拉考尔(Jon Krakauer)在《进入空气稀薄地带》(*Into Thin Air*)的注解中提到,商业化的探险队除了少量个人物品外,根本不必自行携带任何物资,这是与非商业化探险组织的最大不同。实际上,现代的商业探险机构为客户提供的服务远不止于此。以珠峰攀登为例,登山界流传着这样一句话:只要肯花钱,夏尔巴人可以把你抬上珠峰。

(1)珠峰攀登的三种服务模式

根据著名登山家、珠峰年代史记录者艾伦·阿内特(Alan Arnette)的调查,一个小型的探险队一般为2—4人,大规模的可达30人。除了客户外,探险队中一般会配备领队(负责探险队的所有管理)、高山向导(提供技术指导与安全保障等,帮助客户达到预期目标)、高山协作(保障登山者的装备和物资，负责建营、运输、接应、救援等，听从向导的指挥）、后勤人员（负责吃住行等日常生活）等。从夏尔巴高山协作与客户比例的变化来看：1990—2000年，协作与客户的人数之比为0.79∶1；2000—2013年，该比例升至1.09∶1；2015—2022年，进一步提高到1.31∶1——付费客户已深度依赖于专业登山服务。目前，商业探险机构主要提供三种服务模式：夏尔巴协作探险（Sherpa Supported Expedition）、夏尔巴向导探险（Sherpa Guided Expedition）和全程向导（Fully Guided）。

——**夏尔巴协作探险**

夏尔巴协作探险模式为登山爱好者提供全面的后勤支持，包括申办许可手续、食宿安排、装备补给、交通等，同时，夏尔巴人（非西方向导）会陪同客户进行最后的冲顶，但在其他适应性的攀登过程中，客户只能独自或与其他队友一起进行。显然，该模式仅适合拥有丰富高海拔经验，特别是攀登过8000米山峰的人士。

——**夏尔巴向导探险**

这种模式下，一名经验丰富的夏尔巴人将全程领导登山，并负责重要决策，如何时登顶、何种情况下撤等。团队中通常还会配备一名西方领队或经验丰富的夏尔巴人在大本营进行监督。不过，考虑到夏尔巴向导可能会由于缺乏相关的医疗培训，难以在客户发生健康危机时给予关键性帮助，该模式也多适合有 8000 米攀登经验或攀登技术较强的登山者，对新手来说，则存在较大安全隐患。

——全程向导

全程向导模式最适合首次攀登珠峰的人员或经验不足够丰富的登山者。其不仅包含夏尔巴向导探险模式的所有服务，还可额外配备一名或多名经验丰富的夏尔巴或西方高山向导。这些向导大多有着登顶珠峰和其他 8000 米山脉的经验，一般都通过了 IFMGA 考核，或接受过荒野医疗培训（Wilderness Medical Training，WMT）。他们有足够的能力对攀登时间、天气变化和应急管理等事务做出正确决定，且基本没有语言障碍。不仅如此，客户还能在高山上享受奢侈生活，如星级厨师的烹饪、露天酒吧的服务，甚至专业摄影师的陪伴。

不同于通常 4 万美元左右的夏尔巴协作探险模式和 5 万美元上下的夏尔巴向导探险模式，全程向导模式的报价往往不低于 6.5 万美元，部分可达 10 万美元甚至更高，且基本由西方登山公司负责，而非像前两种模式中有大量的尼泊尔本土企业参与。

（2）市场观察：小众群体稳步增长，新锐品牌势头渐显

经过长期的商业化积淀，西方国家孕育出不少历史悠久的登山咨询公司，它们凭借超过30年的运营经验，一直占据着行业的主导地位。不过，近几年来，格局正悄然发生变化。2022年末，阿内特披露了部分商业探险机构在珠峰商业项目上的竞争情况、消费变化和服务价格。他指出，尼泊尔新兴的本土企业已崭露头角，正逐步成为行业中的新领军者——超过100名夏尔巴人曾10次以上登顶珠峰是其核心竞争力所在。其中，明星企业的年均服务客户量一般为50位，个别则可达100位，而传统的西方运营机构的服务规模还多停留在20位左右。

消费人口的构成也在改变。一方面，尽管来自欧美国家的登山者仍是珠峰探险的主力军，印度和中国客户的增长量也已不容忽视。另一方面，登山客户呈现出明显的高龄化趋势：2008年，20—29岁的登山者是商业机构的消费主体，到2019年，该群体的比例缩减至13%，40—49岁群体则提高到32%，50—59岁群体的占比也从7%上升到16%。此外，女性登山者的人数持续增长，2008年，珠峰登顶者中的女性比例为14%，该比例在2019年已增至24%。

与此同时，虽然尼泊尔公司提供的价格仍较低，但夏

尔巴人的工资水平正逐步向西方向导看齐，这也促使尼泊尔本土企业和欧美商业机构的报价差距开始缩小。阿内特针对各商业机构2024年的报价调研也显示，珠峰南北坡的商业登山市场的总体价格均有不同程度的上涨。

从各国登山运动发展的轨迹来看，多数国家最初都奉行"为国登山"的宗旨，随后才发展为旅游探险式的登山活动。中国的登山历史也不例外，只是由于起步较晚，直到1990年代末才开始出现商业化的登山活动。21世纪第二个十年伊始，国内登山人口迎来了较快增长，其中攀登量最大的山峰要数技术难度偏低、价格相对亲民、交通更加便利的四姑娘山。新疆的慕士塔格峰、青海的玉珠峰、云南的哈巴雪山等，也是登山爱好者的主要选择。实事求是来说，与国外相对成熟的商业登山市场相比，中国登山探险的商业化程度，无论在客群规模还是资质管理等方面，都还有较大的成长潜力。

3. 珠峰大拥堵

珠穆朗玛峰在地球上毋庸置疑的地位，始终让几乎所有的登山精英竞相奔赴——这一直以来都少有争议——毕竟是少量专业的人做高度专业的事。但随着商业登山市场的急剧膨胀，一些富有的、缺乏经验的普通登山者，拿到攀登珠峰通行证的机会也越来越大。如此，每到登山季，当来自世界各地的游客蜂拥而至时，"大拥堵"现象就在所难免，并注定渐趋严重。

其实，早在 2012 年 5 月，珠峰拥堵问题就显露苗头，且持续加剧于后几年的登山季，只不过因没从"登山圈"扩散至社会面而未引发国际大讨论。真正让全球关注的是 2019 年的登山季，这一年，珠峰的攀登人数激增至约 11000 人，在被称作"死亡地带"的 8000 米之上上演了长达近百米的史上最大规模的拥堵场面，最终造成了 11 人遇难——这是疫情管控全球放开之前、未遭遇自然灾害的年份里，死亡人数最多的一年（见图 2）。

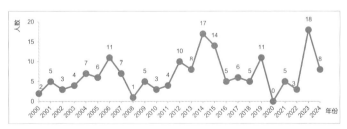

注 1：2014 年因南坡罕见雪崩，珠峰攀登活动遭重创；2015 年因尼泊尔大地震，珠峰攀登活动临时终止；2020 年因疫情，珠峰攀登活动受到严重限制。
注 2：人数以 2025 年 1 月 24 日的喜马拉雅数据库版本为准。

图 2　2000—2024 年珠峰死亡人数

世界之巅，竟拥堵得像城市中的早晚高峰？一时间，关于珠峰商业化的争论充斥于整个互联网空间，各自媒体平台上更是吵得不亦乐乎。

尽管珠峰顶部的环境极端严酷，天气也是瞬息万变，但相比 2006 年的暴风雪和 2014 年的雪崩，2019 年的珠峰其实可算是气候"宜人"了。天公作美却还是酿成悲剧，珠峰的过度商业化显然难脱干系。根据当年的预测，适宜冲顶的时间集中于 5 月 21—23 日，因此，几乎所有准备冲顶的队伍都在同一时刻动身，力求在 3 天的"窗口期"内完成登顶，并返回营地。于是，5 月 22 日，海拔 8790 米的希拉里台阶处，约 200 名攀登者一同遭遇了"大拥堵"。上山经历了 1 个半小时的排队，下撤时又再度体验了一遍。高寒缺氧、身体失温……在地球几乎最恶劣的环境下比正常计划多暴露了 3—4 个小时，极易诱发严重的头晕呕吐、肺水肿和脑水肿等高山病，如心脏病、高血压等潜在的健康问题也更易出现。除此之外，还有失足坠落、氧气耗尽等致命的潜在威胁。攀登珠峰本就是一项充满风险的运动，过度商业化导致的高空"排队"，无疑让风险进一步加大。

也许，对登山爱好者来说，珠峰的诱惑着实无法令其不为之疯狂，即便是 11 个生命的逝去，仍难以使人从悲痛中吸取教训。新冠疫情带来的短暂停歇后，2023年，珠峰上的死亡人数再次打破历史纪录，攀升至18人。与2019年一样，这并非源于自然气候的极端变化，而是利益驱使导致的"人祸"。

对于珠峰上的排队现象，舆论纷纷指责尼泊尔政府过于宽松的攀登许可制度：高额的利润促使官方不断降低攀登许可的标准，导致珠峰的攀登人数急剧增加。2019年，尼泊尔颁发的381张珠峰攀登许可证，曾创下当时的历史之最——过量的登山者使得高山上的资源与管理体系不堪重负，难以快速有效地应对各类危机。然而，当人们还在为过去的混乱与代价感到不安时，尼泊尔政府却再次做出惊人之举，于2023年发出了478张许可证。

4. 珠峰商业化的反思

攀登世界海拔之最、地球第三极，人们的动机不尽相同：有的是为了挑战极限，有的是为了探寻未知，有的是为了完成先辈遗志，也有的是为了一睹大自然的壮美……但在所有动机中，登顶所带来的无上荣耀，以及后续源源不断的或直接或间接的"利益"，无疑是最能被世俗所感知，也最难以被忽视的。

最高海拔并不意味着最难攀登，即使众多不足8000米的山峰具有更大的技术挑战，也丝毫不妨碍珠峰近乎魔幻的号召力，不仅攀登纪录一次次被打破——速度最快的、年龄最大的、登顶次数最多的等等——到访人数膨胀之快更是令人咋舌。为什么人类如此执着于珠峰？设若不是为了名利，为何14座8K山峰中的其他13座并不在"必打卡"之列，"Second 14"的7000米级山峰更鲜有问津？珠峰过度的商业化开发，是否昭示了"虚荣之山"这一事实？

（1）不合格的登山者

不仅是珠峰，攀登6000米以上的高山，就远非仅靠勇气能够支撑。现实中，相较专业的登山运动员，普通的业余爱好者多是对登顶欢愉的憧憬超越对过程危机的认知，加上缺少扎实系统的技能和对形势高度敏锐的判断，当遇到突发情况时，往往自救力不足。有了商业登山公司和登山向导的加持，登山者经验和技术方面的短板可以得到一定程度的弥补，虽然登顶珠峰仍旧不易，却为更多非专业人士打开了想象空间。

在一些资深的高山向导眼中，与20世纪七八十年代，造访珠峰的通常是具有高超攀登技巧和丰富山地经验的登山家不同，过去30多年里，前来探险的常为富有之人。为了更好服务于全球各地的"金主","喜马拉雅式攀登"进一步升格为"金字塔形兵站式攀登",即用更庞大的人力来步步为营地增加客户登顶的机会。也正因如此,登顶珠峰慢慢不再如登月般被视为人类的壮举,相对最传统的两条路线也被部分登山精英嘲讽为"牦牛之路"。

除了人力的辅助,商业化的登山还体现在装备的过度使用上。2012年,专业登山者拉尔夫·杜伊莫维茨(Ralf Dujmovits)就批判了这一"业余"风气:几十年前,职业登山家通常只会在海拔8000米以上才考虑使用氧气瓶,如今的商业客户甚至从珠峰大本营开始就启动氧气装备,吸起氧气来就像喝水一样自然。这些不合格的登山者睡在温暖的帐篷里,无须自己准备食物,也不用搬运设备,严酷的环境其实并不能使他们获得极致的挑战体验。

高速运转的商业登山市场,也在一定程度上掩盖了攀登珠峰的危险性。海拔8000米之上,即使是体能再出众的高山向导,也不可能真的"抬客户前行"或"背客户登顶"——花钱能雇用更多、更专业的向导陪同,但不可能买到超越人类极限的服务。希拉里爵士在2003年的一次采访中表示:"我认为攀登珠穆朗玛峰的整个态度已经变得相当可怕。人们只是想登上顶峰,根本不在乎任何可能遇到的困难……"一旦到了性命攸关的时刻,利己、弃他的选择往往现实又无奈。

希拉里还公开谴责商业公司,认为他们"收取费用护送新手登顶,是对山峰的大不敬"。的确,对于那些能力卓越的职业登山者来说,商业化登山显然是不公平的。《进入空气稀薄地带》的作者克拉考尔也坚称,声誉是靠用最少的装备、从最不可能的路线、以最大胆的方式攀登而赢得的。可事实上,一些客户如果没有登山公司的帮助,恐怕连5000米的高山都无法攀登。当地球最高峰被"卖"给了有钱人,它就变成了海拔最高的名利场而毫无荣耀可言,抑或对不少人来说,他们攀的本就不是山,而是社会金字塔。

(2)精神文化的入侵

夏尔巴人称珠穆朗玛峰为"女神之母",他们相信珠穆朗玛是一位慈悲而强大的女神,能够赐予众生幸福和平安,也能惩罚那些不敬畏她的人。在西方人到来之前的数百年里,居于此处的夏尔巴人从未攀登过珠穆朗玛峰,因为在他们心中,高山是终身的家园、神圣的信仰。但在商业化的推动下,珠峰开始被大批富有的外国游客"入侵",他们犹如打卡景点一般,在人生必做清单上画下一笔。1996

年，那场著名的山难之后，来自欧洲的夏尔巴孤儿发表了一篇文章，她把这一切灾难归咎于夏尔巴人对神明的亵渎："他们帮助外来者探路，帮助他们进入圣殿，并站在她的头顶上，以胜利者的姿态欢呼雀跃，亵渎她身体的每一寸肌肤……我的祖先为了躲避在低地受到的迫害而逃到昆布地区。在萨迦玛塔（尼泊尔人对珠穆朗玛峰的称呼）的庇护下，找到了避难所。作为回报，他们理应保护女神的圣殿免受外来者的侵扰……"

除了对"神之居所"的玷污，伴随登山市场商业开发而至的外来文化，正逐步侵蚀着夏尔巴的古老习俗，使这片圣洁之域不再神秘和单纯。当地人的生活方式正经历深刻的变革：南切巴扎（Namche Bazaar）台球室里聚集的年轻人，大多穿着牛仔裤和芝加哥公牛队的T恤衫，而不再是做工精致的传统长袍；一天的劳作后，一家人常常挤在电视机前，观看最新的动作大片；日常的饮食日渐从牛羊肉、玉米糊和酥油茶，转变为汉堡、三明治与咖啡；他们不再放牧耕地，而是经营酒馆、餐厅或开办旅行社，等等。一些年轻群体因受到外来文化和价值观念的冲击，对传统习俗早已失去了认同感，他们更多地会选择离开家园到外面闯荡，继而收窄了夏尔巴精神、文化和社会价值观向后代传递的机会。

（3）遇难的夏尔巴人

世界上，没有哪个服务行业会如此频繁地为了付费客户的利益，而"残害"为他们工作的人们。在这里，一个夏尔巴高山向导或高山协作的死亡并不算什么新闻。自1920年代起，共有超过300人葬身于珠峰，其中包括逾100名夏尔巴人，约占总死亡人数的三分之一。

不得不说，商业化攀登的极速扩张，正让高山工作者的风险变得更大。商业机构本应通过对客户的严格筛选，来降低高山工作者的安全隐患，因为登山者越是缺乏攀登经验、身体状况越差，夏尔巴人的工作量和风险就越大。但是，面对利润的诱惑，客户资质审核的标准实际是不紧反松，夏尔巴人由此更要"以命相搏"。

珠峰向导是全球死亡率最高的职业之一，夏尔巴人在最危险的条件下工作，荣耀名单上却鲜见他们的名字。每到登山季，上千名夏尔巴人便活跃于尼泊尔的各大山峰，协助富有的外国游客达成所愿，也为自己和家人谋求基本的生计。自1953年起，夏尔巴人就成为登顶珠峰次数最多的民族。根据喜马拉雅数据库统计，在12000多人次的珠峰登顶中，近一半都是夏尔巴人。可每当客户在互联网平台上或分享或炫耀站上世界最高峰的图片和文字时，他们总是悄然返回岗位，准备重新面对下一次的死亡挑战。山地攀登的天赋一直是夏尔巴人的福祉，高山工作者的收入也远超其他行业的同胞，正因这样，他们常年来始终保持沉默。

事实上，在登山市场的利润金字塔中，最多的部分往往由国外探险公司赚取，然后是西方向导，剩下的少数收入才属于夏尔巴人和低海拔的搬运工。尽管如此，他们的诉求也并非更高的工资，而是额外的医疗和救援、政府的福利基金与保险，以保证他们在遭遇疾病、伤残或死亡时，家人不会因此陷入贫困。

（4）地球上最高的垃圾场

随着珠峰商业化带来的"人满为患"，喜马拉雅山脉脆弱的生态系统正承受着空前的压力，最严重的要数垃圾和废物问题。一方面，珠峰南北两条攀登路线附近的空氧气瓶、塑料垃圾、食物外包装、电池以及破损帐篷等废弃装备的数量，积少成多后日渐令人触目惊心；另一方面，由于在高海拔寒冷的气候与稀薄的氧气条件下，人类的排泄物和丧生者的遗体难以被大自然降解，探险之路已变得愈加"荆棘遍布"。

登山者通常会在山上停留几周，在此期间，每人将平均产生约 8 公斤的废弃物，而它们大部分都留在了山上。随着时间推移，气候变化让冰雪消融，数十年间被掩盖的垃圾和排泄物慢慢暴露出来。所有这些都对自然环境产生直接影响，尤其是被粪便污染的水源还会导致霍乱和甲肝等疾病的传播，威胁生活在此的每个人的健康。

另外，森林被过度砍伐也是商业登山对生态系统破坏的体现。基于高海拔地区的特殊性，为了建造供游客居住的小屋，以及获得燃料来取暖、烹饪，位于昆布的高山林带的面积不断缩减，柳杉、松树和其他耐寒树种都未能幸免。

（5）支持者的声音

虽然关于珠峰商业化的负面声音不绝于耳，但事实上，很少听到夏尔巴人对此表达不满。尼泊尔是一个内陆发展中国家，也是世界上最贫穷的国家之一，户外登山的商业化，实实在在改善了当地居民的生活。如今的喜马拉雅山脉，已是亚洲最重要的登山徒步旅行中心，可以说，正是一个个规模或大或小的商业探险队，让曾经偏远隔绝的山区与外界联系在一起。从 2024 年尼泊尔官方披露的数据来看，仅仅是颁发珠峰登山许可证这一项，就创造了超过 400

万美元的收入，登山向导、登山协作、低海拔搬运工等随之而来的工作机会更是报酬丰厚，登山者们的交通、住宿、餐饮、设备租赁等支出同样直接惠及当地企业和民众。对年人均 GDP 不足 1000 美元的南亚山国来说，商业化登山的崛起不但能"造饭碗"，造的还是"金饭碗"。

1953 年，希拉里与丹增共同实现了人类登顶珠峰的梦想，两人也因此成为一生的密友。希拉里在世时，曾超过百次来到尼泊尔，深入昆布地区筹资建立了多所学校和医院，并带动了更多国际扶贫资金的入场。1990 年代后，国际游客的蜂拥而至，在一定程度上也让援助基金的规模倍增。随着学校、医院、道路、水电站等在南切巴扎及周边村镇的建设与使用，夏尔巴人和其他族群的生活之变可谓有目共睹。

在国际环保组织的引导下，尼泊尔政府逐渐意识到珠峰环境问题的严重性，并于 2002 年启动了垃圾治理的押金制度，即探险队在返回时需负担一定重量的垃圾，才能获得 4000 美元的返还。2011 年，夏尔巴人组织的珠峰登山者协会（Everest Summiters Association）与尼泊尔政府合作，利用直升机在高山上收集了 1.5 吨垃圾，并将它们转移到加德满都。经过艺术家们的改造，这些无用之物变成了艺品，全部销售所得则继续作为高山垃圾的清理基金。近些年，萨迦玛塔国家公园（Sagarmatha National Park）和部分非政府机构也致力于减少对木材作为燃料的能源产生方式的依赖，转而采用更环保的能源解决方案，例如，使用高效的燃木炉、壁炉背锅热水器、低能耗炊具等。

有了城市，田园才是牧歌。人们不愿失去传统、原始的东西，是因自己并未处于传统和原始之中。西方的部分批评家总有一种施恩者的高傲，为昆布地区失去往日简单如画的生活感到痛惜。殊不知，在无须忧虑衣食住行、有可观收入来满足登山需求的国度，人们很难理解贫困带来的不幸与无助。作为生活在偏僻乡村的人们来说，他们大多并不愿与现代社会或人类进程割断联系——夏尔巴人最不希望的，就是成为人类学博物馆里的标本。

（三）高山传承

悬崖峭壁上刻下的脚印，承载着前人的寄望与信念；顶峰目之所见的风景，是年轻一代心中恒久的回忆。在高山之巅，登山者不仅仅是攀登者，更是登山精神的传承者。青年们从前辈的故事中汲取力量，从先行者的足迹中寻找方向。薪火相传之际，山顶的光芒永远闪耀。

1. 登山的年轻人

我们所熟知的那些著名登山家们，大多拥有攀爬的天赋和探险的热情，幼年时就受到高山的感召。例如，珠峰探险先驱乔治·马洛里，7岁时的攀爬能力已冠绝同辈，13岁则正式开启登山运动；"无氧"攀登倡导者莱因霍尔德·梅斯纳尔从5岁起就跟随父亲一起登山，20岁前便完成了逾百次高难度攀登。与他们类似，在我们的时代里，不少探险爱好者也是在年少时即投身登山领域；又与他们不同，沿着前辈们开辟的路线，当代的登山者早早就能领略到山巅的壮丽风光。

美国男孩乔丹·罗梅罗（Jordan Romero）10岁登上非洲最高峰乞力马扎罗山，13岁便与家人一同从北坡完成了珠穆朗玛峰的挑战，成为最年轻的珠峰登顶者。其实，13岁挑战珠峰的不只有他，罗梅罗所打破的是另一位登山小将，来自印度的马拉瓦特·普尔纳（Malavath Poorna）的年龄纪录，她曾在13岁11个月时登顶珠峰，至今，普尔纳仍是世界上完成这一壮举最年轻的女孩。罗梅罗登顶后，中尼两国均启动了攀登珠峰的最低年龄限制措施。这也意味着，他们的纪录可能将无人打破。2011年，15岁半的罗梅罗登上了南极洲的文森峰，成为有史以来征服世界七大洲最高峰年龄最小的登山者。

在他完成"七峰"挑战之前，这一纪录由英国人乔治·阿特金森（George Atkinson）保持，后者在11岁时确立了攀登七大洲最高峰的目标，并在接下来的5年里逐步完成。以年轻著称的登山家还有来自巴基斯坦的谢赫罗兹·卡希夫（Shehroze Kashif），他高超的攀登技术不输身经百战的登山老手，创造了4项吉尼斯世界纪录，分别是登顶K2最年轻的登山者、登顶珠峰和K2两座山峰最年轻的登山者、登顶世界前三高山峰最年轻的登山者和登顶世界前五高山峰最年轻的登山者。卡希夫致力于登顶全部14座8K山峰的挑战，目前已攀完12座。还有年龄更小的山峰勇者，2019年，年仅6岁的英国男孩卢卡斯·劳伦森（Lucas Lawrenson）在父亲的陪伴下完成了"三峰挑战"，即在规定的24小时内成功登顶英国最高的三座山峰——本尼维斯峰（Ben Nevis）、斯卡菲尔派克峰（Scafell Pike）和斯诺登峰（Snowdon），包括山峰之间的徒步。2年后，5岁的贾克森·科瑞斯科（Jaxon Krzysik）成为"三峰挑战"的新低龄纪录创造者，并将卢卡斯23小时46分的时间近乎缩短了一半。

卓越的登山家理应从群山中孕育而来。广袤的中华大地上，尤其是川滇藏地区，可谓奇峰林立，在直面高山的征途上，自然少不了耀眼的中国登山少年。例如河北女孩丁禹琪和长沙女孩徐卓媛，都曾在16岁时登上珠峰之巅。

晋级为任何运动项目的顶尖高手，天赋与努力缺一不可。2018年，此前并未接受过系统训练的14岁的丁禹琪，便在舅舅的带领下成功登顶非洲最高峰乞力马扎罗山。即使如此，在接下来一年多攀登珠峰的准备中，这位天赋远超常人的中学生也是每日挥汗如雨，全方位进行体能、力量、技巧、登山器械使用等方面的专业训练。湘妹子徐卓媛则是从小就跟随有着湖南"珠峰第一人"之称的父亲周游全国，积累了大量户外探险经验。10岁生日时，她不像其他小朋友那样收到玩具或衣服作为礼物，而是进行了一场艰难的徒步体验——穿越湘西的一处大峡谷。之后，徐卓媛登顶的山峰越来越多，如四姑娘山大峰、奥太娜峰、慕士塔格峰、半脊峰等都留下了她的足迹。2024年伊始，徐卓媛顺利登顶乞力马扎罗山，成功完成梦想中"7+2"计划的第二站。值得一提的是，这次同行的队伍里还有年过古稀的登山家夏伯渝——中国第一位凭借双腿假肢登顶珠峰的攀登者。从山脚到山巅,"不畏艰险、顽强拼搏、团结协作、勇攀高峰"的登山精神也在新老两代登山人的一路互勉中传承和接力。

强健体魄、磨炼意志、体悟自然,是登山运动中显而易见的收获。对于青少年来说,攀登体验不仅是永生难忘的珍贵经历,更是人生之路上最有价值的生命教育。丁禹琪在登山中领悟了"为目标奋斗的意义",她在接受采访时曾说:"人生就像进度条,如果你不动,它就永远在原地踏步。"对于已经确立的目标与梦想,努力奋斗就是必要行动。徐卓媛对"磨难是成功的必经之路"感受至深,在对乞力马扎罗山的攀登中,每到体能极限、濒临崩溃时,只要看向身边的榜样——74岁的夏伯渝——她就咬紧牙关再坚持一下,因为离成功已经不远了。阿特金森在登山中收获了"直面挑战的勇气",启程前他曾胆怯过,但他的计划是"慢慢克服这些恐惧"。卡希夫最悲伤的时刻,是攀登乔戈里峰时,路过心中的登山传奇——阿里·萨德帕拉(Ali Sadpara)的遗体,平复心情后,卡希夫决定"带着他的梦想一起走下去"。

登山对年轻人的心灵成长和价值观塑造有着深远影响。在翻越高山的过程中,这些年轻的登山者们不仅感受到自然的美丽与包容，还深刻理解了生命的价值和意义，树立了远大的理想与抱负。终有一日，他们或成为职业登山运动员，或在其他行业中奋发图强，成为社会的中流砥柱。但无论角色如何，他们都是登山精神的传承者，激励一代代新人勇攀高峰。

2. 登山发展在中国

登山作为一项户外极限运动，对普通人来说，仅凭一时的热情是远远不够的，专业的装备、科学的训练、资金的支持以及团队的协作都必不可少。在1990年代以前，中国的登山运动，大多是以国家任务为主开展；此后，更多团体组织的加入让这项运动不断发展壮大。从登上第一座山到站上8000米的海拔，从作为登山新手出发到成为职业向导，外在环境与登山朋辈的变化，为中国的登山人带来更多的力量与勇气。

（1）登山青年在民间：北大山鹰社

北京大学山鹰社成立于1989年4月1日，是中国首个以登山、攀岩为主要活动的学生社团。30多年前，在那个物资匮乏的年代里，登山运动在社会中尚不普及，谁又曾想到一个普通的高校社团，能发展为民间登山组织的先声与缩影。北大登山人的青春由雪山打磨而成，他们年轻的心也伴随社团的初创与发展、挫折与坚持、重返与辉煌，牢牢打上了山鹰自由翱翔的印记。

——第一个十年：初创与发展

登山活动的起始，大多与科学考察息息相关。从这个角度看，中国最早、影响力最广泛的民间登山社团，从最高学府之一的北京大学孕育而来，也就理所当然了。与那些坚守在书籍堆或实验室的学科不同，地貌研究需要进行大量的野外实地考察，某种意义上，在野外的得心应手就等同于在科研中的脱颖而出。这个学科里，来自北京大学的杰出地质地貌学家、冰川冻土学家崔之久教授，绝对是野外实地科考最多、攀登经验最丰富的研究者之一。作为20世纪五六十年代的登山队员，他曾多次跟随国家登山队，亲临青藏高原、天山、祁连山、昆仑山、唐古拉山等山川进行科学考察，冰川成了贯穿他一生中最重要的主题。学校经常邀请他讲述登山科考的经历，他也总是在讲座中竭尽全力描绘冰川之美，强调雪山攀登对经济社会发展的重要意义。

以李欣为代表的北大地质学系、地球物理学系86、87级的一些活跃分子，就是被讲座上那遥远、神圣的冰川所吸引，也被崔教授的一番话语震撼了内心。那是南极科考归来的一场讲座，崔教授伫立讲台，感叹中国民间登山的一片空白，慷慨激昂地追问："难道中国大学生就没有一点冒险精神？北大学子就不能挑起这个重担？"从小在新疆天山脚下长大的李欣瞬间燃起凌云志，当即决定和同学一起创立北大登山爱好者协会。"无限风光在险峰"的招新广告一出，就吸引了130多人报名，经过一系列测试，很快挑选出谢劲松、曹峻、陈卫华等人，成立了攀登队，并在当年中国登山协会组织的登山赛和第3届全国攀岩赛上斩获佳绩。1990年4月，北大登山爱好者协会更名"山鹰社"，并将社团的目标从运动竞技，转向了登山探险和科学考察。社训"存鹰之心于高远，取鹰之志而凌云，习鹰之性以涉险，融鹰之神在山巅"彰显着山鹰临风万里、纵横翱翔的气势，也昭示着北京大学一以贯之的自由精神。

在北大山鹰社成立之初的十年里，国内民间登山运动尚处于萌芽状态，没有商业攀登机构出现，也缺乏具备相应户外经验的人才。若想爬雪山，山鹰社只能孤军奋战、自行摸索，如日常的攀岩场所、训练安排，大型活动的攀登路线、物资运输、营地建设，都需要自己搭建、计划和组织。但是，1980年代末的大学又是自由、宽松、充满想象力的地方，队员们边克服困难边开展训练和活动：军训用的背包带，绑在身上就是保护绳；32号宿舍楼的裂缝，打上铁环就能攀爬；平时在学校操场拉练，周末就前往郊区登山和训练，暑假则组织大型攀登活动。从北大到香山，从北安河到妙峰山，从东灵山到怀柔国家队登山基地，都留下了山鹰社成员的脚印与汗水。功夫不负有心人，热血青年们的努力换来了优异的成绩：1990年，谢劲松、谢如祥、曹峻和汤烨、何丹华、陈莉在北京高校攀岩赛中分获男单第一、二、四名，女单第一、二、三名，团体总分力压群雄；同年的第4届全国攀岩赛上，谢如祥斩获男单亚军，谢劲松与何丹华分列男单第五名和女单第六名，团体总分居全国第二。

有了比赛成绩做背书，北大登山队的首次雪山活动——攀登青海玉珠峰，也如火如荼地筹划了起来。其实，对于当时的山鹰社队员来说，平日训练以苦为乐称不上难，真正难的是出发前如何获得北京大学和中国登山协会的支持，以及如何筹措登山活动的资金。要获得学校的登山许可，登山报告的撰写只是第一步，为了拔高立意，报告特意祭出了为1990年亚运会献礼的大旗；接着，大伙分头行动拜访各部门、各院系的领导，艰难地在报告上集齐了8个红章；与此同时，一封封附有父母签字同意登山的保证书，也陆续从队员们的老家寄到学校。中国登山协会方面，虽然经过长达数周的软磨硬泡，依然因为难以逾越的障碍没能拿到官方盖章函，但登协还是采取"曲线救国"的方式，尽最大可能为这群天之骄子提供了最实质性的支持——结实耐用的登山装备，解了山鹰社的燃眉之急。1990年8月，这支以北大学生为主体的11人登山队，揣着天津加利加鞋业有限公司的7500元现金赞助，一路见招拆招，奔向了皑皑雪山。山鹰社的"处女攀"顺利而圆满，不仅成为首个登顶昆仑山脉东段之巅的民间团体，还开辟出了日后玉珠峰热门的商业攀登路线。

只不过，青海归来，山鹰社还是不得不面对横亘在面前的现实之山——训练和活动经费短缺。1990年代初，多数国人还搞不清楚登山为何物，有赞助意识的企业少之又少，山鹰社的队员们只能傻傻地、在偌大的北京城四处奔走找资金。最典型的一次筹款，要数1993年举全员之力卖方便面的经历。连续支持了两年的可口可乐公司不再赞助，为了攀登新疆慕士塔格峰，队员们大海捞针般开始了新一轮的企业拜访。经历无数次碰壁，北京东福食品有限公司最终抛出了橄榄枝，赞助了7万包旗下主打的营多牌方便面，每包市场价格0.8元。随着装载方便面的几辆大卡车浩浩荡荡开进北大南门，山鹰社立即全员出动蹬着三轮车、自行车，拉着一箱箱方便面走进办公室、宿舍楼、小卖部……年轻人的决心带来了奇迹，短短不到2个月，队员们就变现了5万元的登山资金，新疆慕士塔格峰的攀登活动由此得以成行，并实现了10人登顶的壮举。

成立的最初几年里，在困难中前行是必然的，若没有大家千方百计的付出和义无反顾的坚持，山鹰社便不会收获那么多显赫成绩，不可能顺利地运转下去，也许就和其他的一些社团一样默默无闻，或烟消云散了。1994年起，宝洁公司开始长期赞助山鹰社活动，其他公司也陆续加入进来，山鹰社终于不用再为资金发愁了。1997年，高达15米的"飘柔"钢结构人工岩壁兼山鹰社办公楼的建成，进一步为其可持续发展奠定了物理空间基础，也让社团的攀岩水平走向了新高度。1998年，恰逢北京大学百年校庆，山鹰社成功登顶世界第六高峰卓奥友峰，为母校献礼的同时，也创造了民间登山历史的新成就。

专栏4 1989—1998年北大山鹰社攀登大事记

1990年，首次攀登青海玉珠峰（6178米），共10名队员登顶。这是中国民间首次以社团形式攀登雪山，开辟了中国群众性登山运动的新纪元。

1991年，攀登新疆慕士塔格峰（7546米），虽未能登顶，但参与了几次有意义的救援活动，并在返回后加强了组织、制度和思想建设。

1992年，攀登西藏念青唐古拉中央峰（7117米），3名队员成功登顶。这是中国人首次登顶中央峰。

1993年，重回慕士塔格峰，共10名队员登顶。

1994年，11名队员成功登上青海格拉丹东峰（6621米）。这是炎黄子孙第一次登上长江源头的雪峰。

1995年，首次开展国际交流，与日本福冈大学联合攀登西藏宁金抗沙峰（7206米），共4名队员登顶。

1996年，5名队员成功登顶青海玛卿岗日峰（6282米）。

1997年，重回玉珠峰，这一次侧重于登山技术训练，19名队员全部登顶。这是中国人首次从北坡登顶玉珠峰。

1998年，为庆祝北京大学建校100周年，攀登世界第六高峰卓奥友峰（8201米），填补了国内业余登山组织登顶8000米高峰的空白。共有3名队员登顶。

――**第二个十年：挫折与坚持**

从零基础起步到初见成形，走过第一个十年，山鹰社开始有意识地尝试不同方向上的突破，如队员性别比例的突破、山峰选择的突破、攀登方式的突破等。然而，在这些"常为新"的过程中，有时候也伴随着致命的挫折。

山鹰社里总能看到众多女社员忙碌的身影，她们与男同学一样为训练忙碌、为前期准备忙碌、为新闻发布会忙碌……为社团、为登山队默默地无私奉献。但在历次的大型攀登活动中，能够入选登山队的女生却始终少之又少。

登过山的女孩，对自己的从属地位总是敏感的。1997年玉珠峰登顶归来的刘韬，一直渴望再登一次山，作为核心成员登一座山。就这样，经过她与王瑾、吕艳、陈弋等人的努力，我国第一支真正意义上的民间女子登山队于1998年底在北京大学宣告成立，并确定了攀登目标——坐落于岷山南段海拔5588米的雪宝顶。

1999年7月，北京大学女子登山队启程奔赴四川，开创了中国女性独立登山之先河。在雪宝顶攀登中，前两批队员分别于7月28日和31日顺利登顶。8月1日，当第三批队员向顶峰发起冲击、即将创造全员登顶的壮举时，活泼可爱的湘妹子周慧霞却因意外滑坠，再也没有醒过来。

任何开创性的探索都不是一帆风顺的，女子登山队成功了，但也付出了沉重的代价。面对鲜活生命的逝去，接下来，是就此止步还是重新启程？年轻的山鹰们痛定思痛后，当然不会选择沉沦，只是谁也没想到，惨烈的山难会来得如此之快、如此之猛。

2002年暑假，山鹰社将攀登对象锁定为位于西藏自治区的希夏邦马西峰。"希夏邦马"在藏语里的意思为"气候严酷"，是唯一一座完全在中国境内的8000米级山峰，海拔5000—5800米之间的冰塔区长达数千米，蔚为大观。不过，高山上纵横交错的冰雪裂缝和时而发生的巨冰雪崩，也使攀登环境异常凶险、挑战重重。

8月3日，登山队进行了冲顶前的最后安排和分组。全体队员被分为A、B、C三组，其中，体能和技术最好的A组5个人担负修路、建设C3营地和第一轮冲顶的任务。他们是：98级电子系学生雷宇，曾任山鹰社社长；98级数学系学生林礼清，曾任山鹰社秘书长；99级数学系学生杨磊、

00级政管系学生张兴柏和00级力学系学生卢臻，分别担任过山鹰社的资料部部长、训练部部长、装备部部长。B组负责第二轮冲顶，并与C组共同作为接应组。8月7日中午，A组反馈，已经翻过C3营地上面的大雪坡，正在两块大石头中间修路，为冲顶做准备。"这里风很大，我们很冷"，A组组长林礼清与B组组长李兰说完这句话后，步话机就再无音讯传来。

由于通信设备故障在那个时期的山峰探险中属于常见问题，可能是信号不好，可能是电力不足，也可能是别的什么原因，总之，大家当时都没有太过在意。但随着每隔一小时的呼叫均未得到任何回答，莫名的不安在7日下午已经笼罩B组每个人的心头。7日晚上，A组的步话机仍旧静默，B组则几乎一夜未眠。翌日早上，不待A组应答，B组全员奔到C3营地：营地的食物已被乌鸦翻找得一片狼藉，五件羽绒服都在帐篷内——这与冲顶的惯例严重不符，C3向上的大雪坡虽隐约有些足迹，但再往前的雪面极度松软——具有雪崩后的典型特征，如此情景让大家悬了整晚的心瞬间冰冷。B组将现场情况通报给C组后，抱着出现奇迹的憧憬，两组组员迅速展开找寻，迎接他们的却是2位队友已经僵硬的遗体。

死亡是每一个登山者都必须要面对的，但当死亡真正变成事实，它带来的痛苦与悲伤其实是无可名状的。

北京大学的校领导密切关注着登山队，接到消息后便立即组织有关部门、院系负责人召开紧急会议，对妥善做好各项有关工作做出了部署，并与中国登山协会派出的专家火速奔赴西藏。事实上，由专业登山队员组成的搜救队也没有见过如此惨烈的山难，直到8月19日，搜救小组才找到遇难的另外3人。

5名队员遇难的消息传开，从中央到西藏自治区和北京大学，都通过各种形式表达了对山难的关切，向遇难者家属进行了慰问。然而，当社会各界还处在震惊和悲恸之时，质疑声却已纷纷向北京大学、向山鹰社袭来，争论的焦点无一不是遇难队员的身份——北大学子。过去，他们是各省名列前茅的学霸精英；未来，他们大概率会成为各行各业的栋梁之材。参与如此高危的运动，对得起培养他们的学校和父母吗？网上甚至出现了这样的评论："是取消山鹰社的时候了。"在一声声的诘问之中，山鹰社迎来了创社历史上的至暗时刻。

危难当头显本色，逆境之中展气魄。北大是常为新的，也是无畏的。学校没有就此禁绝登山活动，时任北大党委书记闵维方表示,山鹰社是北大最优秀的学生社团之一,山鹰社登山队所身体力行的勇攀高峰的精神是北大精神中的重要组成部分,他安慰道:"北大的学生应该像北大一样,再大的喜悦与悲痛都可以坦然承载。"时任西藏自治区体育局局长、西藏登山协会副主席姬嘉在新闻发布会上表示,登山运动是一项极富挑战性和冒险性的运动,表现出人对自然的探索和对自身能力极限的超越;同时它又是一项风险很大的运动,登山过程中发生人力不可抗拒的灾害是难以避免的,但社会并不能因此而否定登山运动本身。时任教育部部长陈至立同志表示,北大同学敢于探索大自然、挑战大自然、努力攀登高峰的行为,体现了人类不断勇敢向上的精神和追求。

山难之后,山鹰社怎么走?所有人都想到玉珠峰——山鹰社最初登上的那座山。这就像渴望一场"救赎",穿过伤痛,他们最想回到起点重新开始。

希夏邦马山难发生后的第二年暑假,山鹰社踏上了青海玉珠峰。在学校的支持与指导下,暑期登山活动的定位调整为"大学生登山训练",强调攀登带给学生的收获,而非此前懵懂的"一山更比一山高"的心态。为了尽可能不让悲剧重演,山鹰社开始严格执行答辩制度。在登山队成立后、活动成行前,山鹰社要制作登山计划书,其中包括山峰介绍、队伍介绍、训练计划、攀登路线、装备清单、药品清单、后勤保障清单、紧急预案等,一般在70页左右。答辩时要面对校领导和中国登山协会的专家,新一年的队员但凡出现半点疏漏,整个计划便要从头做起。

山难的重创,对于个体和家庭而言无疑是一场悲剧,但山鹰社所代表的精神反而推动登山运动焕发了新的活力。2002年秋,山鹰社的报名人数竟创历史新高,400多人把操场跑道都占满了。从2003年开始,山鹰社进入新一轮成长期,陆续攀登了启孜峰、半脊峰、博格达峰、甲岗峰等山峰。在北大之外,各高校的登山社团也迅速发展。21世纪初,北航"凌峰社"、人大"自游人"等纷纷成立,中国地质大学(武汉)登山队在2003年完成了重建,农大"峰云社"也在2003年宣告诞生。随着高校登山社团的集中出现,越来越多大学生的身影开始活跃于众多5000米以上的山峰。2012年5月,中国地质大学珠峰登山队4名队员从北坡成功登顶珠穆朗玛峰,是我国第一支登顶珠峰的高校登山队。接着他们又相继攀登了其他六大洲的最高峰,并徒步到达了南北极点,成为世界上首支由在校师生完成"7+2"探险的大学登山队。

专栏5 1999—2008年北大山鹰社攀登大事记

1999年,成立中国民间第一支女子登山队,攀登四川雪宝顶(5588米),周慧霞不幸滑坠遇难。暑期共9名队员登顶新疆克孜色勒峰(6525米)。

2000年,9名队员登顶西藏桑丹康桑峰(6590米),这是中国人第一次组队登顶该峰。

2001年,10名队员登顶西藏穷母岗日峰(7048米)。队伍经受了雪崩区、冰崩区的考验,逐步走向技术型攀登。

2002年,经受了成立以来最大的一次考验,在攀登喜马拉雅山脉的希夏邦马西峰(7046米)时,5名队员于6700—6800米处遭遇雪崩遇难。

2003年,第三次回到起点——东昆仑玉珠峰(6178米),共12名队员登顶,"登山训练"成为登山的主要目的。

2004年,共16名队员登顶西藏启孜峰(6206米),首次尝试了山峰侦查。

2005年,"五一"假期初次尝试阿尔卑斯式登山,7名队员登顶四川半脊峰(5430米)。暑期再攀西藏桑丹康桑峰(6590米)。

2006年,"五一"假期再赴四川半脊进行雪山技术训练。暑期共15名队员成功登顶新疆博格达峰(5445米),这是一次典型的高难度技术型攀登。

2007年,"五一"假期继续到四川半脊进行雪山技术训练。暑期共13名队员登顶西藏甲岗峰(6444米),实现了人类对这座未登峰的首登。

2008年,再次挑战7000米高峰,目标是新疆考斯库拉克峰(7028米)。因遇到危险的雪桥和恶劣的天气,出于安全考虑放弃登顶,转而进一步开展登山训练——主要进行了长距离雪坡行走和山脊行走的锻炼。

——第三个十年:重返与辉煌

从最早的国家任务与登山科考,到20世纪八九十年代对这项运动技能的摸索和探讨,再到近十年来越来越明显的教育之补充功能,北京大学与登山结下不解之缘,山鹰社也慢慢成为北大校园文化的一个重要组成部分。山鹰折翼过,也反思过,但从没有放弃过。在付出无数努力和心血之后,山鹰社组织架构、活动形式日渐丰满:从一个缺少支持、雪山也要偷偷攀登的小社团,逐渐成长为北大运作管理最成功的社团之一。

如今,山鹰社管理机构分为理事会与部长会两部分。理事会一般由7名以上社员组成,设1名理事长。部长会包括秘书处、四大部(装备部、编辑部、资料部、宣传部)、五大处(赞助处、交流处、野外处、训练处、攀岩处)以及攀岩队等多个部门。每个部门各司其职,职能划分细致,且拥有完整、成熟的社团内部成长体系。同时,山鹰社还延续着每年暑期的登山以及科考活动模式,也积累了一系列成熟的与校方、登协、企业赞助沟通的经验方法。山鹰社还建立了专门的财务出纳制度,每次登山单独设立登山队长、综合队长、后勤队长等进行综合协调。

在很多人眼中,山鹰社并非完全意义上的登山社团,更是以登山运动(还包括科考和攀岩)为载体,鼓励年轻人去追求、去实现"不可能的理想"。2009年,二十周年社庆之际,山鹰社第四次回到玉珠峰,新老"山鹰"欢聚一堂,是接棒前行,也是薪火相传。2013—2015年,社员们分别重返克孜色勒、格拉丹东、玛卿岗日,是对初心的坚守,更是对辉煌的蓄势。

经过多年磨砺,山鹰社已学会了接受规则,但始终拒绝平庸;虽然已近而立,但对高山的向往丝毫没被挫折打磨褪色，仍保怀着最年轻的热情和最纯粹的渴望。于是，2016年5月4日，北京大学建校118周年校庆日，攀登珠峰计划隆重启动——山鹰社队员联合部分校友及教职工共同于2018年挑战珠穆朗玛峰。

2018年5月，北京大学建校120周年之际，包括7名山鹰社队员在内的北大珠峰登山队成功登顶世界第一高峰。队员们在珠峰之顶展示了国旗、校旗和山鹰社社旗，"北大精神，永在巅峰""团结起来，振兴中华""百廿华诞，再创辉煌""2018北京大学珠峰登山队祝亲爱的母校120周岁生日快乐"的声音久久回响云霄。

至2024年，山鹰社已走过35载历程。这一年，新山鹰们选择攀登玉珠峰来向前辈致敬。重返6000米海拔，这一次，他们飞得更稳健、更精彩！

专栏6　2009—2024年北大山鹰社攀登大事记

2009年，20周年社庆之际重登青海玉珠峰（6178米），17名队员在探路者公司、BD公司等多家赞助商的支持下，从玉珠峰北坡二号冰川全部成功登顶。

2010年，1月赴四川攀登雪宝顶（5588米），选择西侧路线进行技术训练。暑期共17名队员登顶西藏卡鲁雄峰（6674米）。

2011年，全队成功登顶甘肃素珠链峰（5547米）。

2012年，全队成功登顶四川雀儿山（6168米）。

2013年，登山队向新疆克孜色勒峰（6525米）发起冲击，因6100—6200米之间的一段雪桥阻碍，未能登顶。攀登期间侦查了同属公格尔山系的6220峰的攀登线路。

2014年，为纪念青海格拉丹东峰（6621米）国内首登20周年，重返长江源。因传统路线西北山脊大面积坍塌，登山队对攀登路线进行改进，最终17名队员成功登顶，为国内队伍提供了最新的攀登资料。

2015年，成功攀登青海阿尼玛卿主峰玛卿岗日（6282米），终结了这座山峰近20年无人登顶的纪录。

2016年，攀登西藏卓木拉日康峰（7034米），由于当地天气恶劣最终放弃了冲顶，但在登山过程中完成了既定的雪山训练计划，加深了对喜马拉雅地区冰川的了解程度。

2017年，暑期攀登青海团结峰，国庆日登顶世界第六高峰卓奥友峰（8201米），为祖国68周年华诞送上了"最高"的生日祝福。

2018年，5月成功登顶世界第一高峰——珠穆朗玛峰（8848米），为北大120周年校庆献礼。暑期再攀西藏甲岗峰（6444米）。

2019年，山鹰社成立三十周年，第五次登顶玉珠峰（6178米）。作为一座伴随着山鹰社成立、壮大的山峰，30年后的登顶具有别样的意义。

2020年，第三次攀登青海阿尼玛卿山，实现主峰玛卿岗日（6282米）登顶。

2021年，首次采用"两峰连登"模式——登顶前峰获后峰攀登资质，登顶四川雅姆峰（5324米）和勒多曼因峰（6112米）。

2022年，第三次攀登新疆克孜色勒峰（6525米），共20名队员登顶，创社史单支队伍登顶人数之最。

2023年，成功登顶新疆萨力依阿其峰（6222米），成为中国首支登顶这座高峰的队伍。

2024年，第六次登顶玉珠峰（6178米）。

（2）登山的职业培养：西藏登山学校
——"校长"尼玛次仁

在中国登山界，人们始终亲切地直呼他为"校长"——尽管其早已晋升为西藏自治区体育局局长。如此不加姓名的称呼，意味着尼玛次仁在这个领域的权威与唯一。当然，这位登山界的领军人物，也无愧于"校长"之名。

尼玛次仁曾是西藏体工大队的射箭运动员，后因偶然机会参加自治区体委组织的万人登山活动而喜欢上了登山。临近退役之际，尼玛次仁申请调入西藏登山队，由于编制已满而最终进入西藏登山协会担任联络官。

作为联络官的尼玛次仁一干就是11年。在这期间，他不仅学习了大量先进的登山理念，也结交了众多国际登山领队和向导，还收集了不少关于登山服务的信息资料，并愈发坚信登山运动和登山产业在中国的光明前景，同时更感叹本土登山服务人才的极度匮乏——1990年代西藏登山协会每年会接待数十支来自国外的登山团队，但从高山向导到高山协作甚至厨师等都是由夏尔巴人担任，身体条件丝毫不差的藏族同胞却因缺乏专业系统的技能培训，只能提供如牦牛运输、帮厨等边缘服务。

办一所登山培训学校，把藏族农牧民子女培养成优秀的高山向导和高山协作,打破夏尔巴人在喜马拉雅地区的"垄断",把珠峰北坡的话语权拿到中国人自己的手中——正当这个石破天惊的想法闪出之际,机遇随之而来。1998年,尼玛次仁与户外用品企业奥索卡(OZARK)公司的创始人汉斯·施容伯格(Hans Schallenberger)在考察卓奥友峰过程中结下深厚友谊,两人相见恨晚。折服于前者对登山事业的一腔热血和清晰认知,本就高度看好中国户外市场潜力的汉斯当机立断,资助尼玛次仁创办登山学校。

1999年,在西藏自治区体委和西藏登山协会的支持下,在老一辈登山家的鼓励下,在奥索卡公司的资助下,我国唯一的专业登山人才培训学校——西藏登山学校(时称"西藏高山探险服务人员培训基地")正式诞生。

历史证明,尼玛次仁创办西藏登山学校的意义重大而深远:一方面,高起点补充了西藏登山领域的服务人才。学校培养出的一批批有文化、懂技能、高素质的毕业生,不仅壮大了中国登山人才队伍,更通过与西藏圣山登山探险服务有限公司的"联动",以不输甚至高于夏尔巴人的服务质量赢得了从北坡攀登珠峰的国际登山群体的广泛赞誉。另一方面,创见性开启了西藏的登山产业。包括如启孜峰、甲岗峰等6000米级和宁金抗沙峰、卓木拉日康峰等

7000米级以及希夏邦马峰、珠穆朗玛峰等8000米级山脉的开发,不仅推动西藏登山产业实现快速成长,也带火了西藏的温泉资源,惠及了餐饮、住宿等多个行业,让更多人领略到西藏独特的文化魅力,树立了体育、文化、旅游融合的典范。

——西藏登山学校

多方支持,一朝挂牌。中国唯一、世界第二所登山学校就这样从自治区体校的6间平房起步了。学生均选拔自喜马拉雅山区的贫困农牧民家庭,学费食宿费全免,实行半军事化管理。最初四年,虽然教室是租来的、装备是赞助的,但课程体系却是绝对过硬的——校长尼玛次仁不仅亲自讲授多门课程,还邀请中国登山队、西藏登山队的资深队员和西藏大学、西藏民族大学、西藏藏医学院的老师们为学生授课。课程内容从登山专业技能到身体素质训练,再到汉语、英语、藏文和登山历史、登山理论等文化课程,一样都不少,并力求做到最好。

2000年,由奥索卡公司牵线,西藏登山学校与世界上第一所登山学校,法国国立滑雪登山学校(École Nationale de Ski et d'Alpinisme)签署了以技术交流为主的合作协议——后者每年会派几名职业登山教练进藏授课,西藏登山学校的优秀学员则会前往法国接受3—4周的专业培训。2002年,西藏登山学校被列入国家117个援藏重点项目之一。有了中央拨付的500万和国家体育总局拿出的200万,加上部分社会资金,以及西藏体育局划拨的建校土地,新校舍终于在2003年落成了:校园占地1.5万平方米,教学楼、宿舍楼、接待楼和攀冰模拟道、抱石攀岩场地等一应俱全,人工岩壁更是亚洲顶尖。

2014年,西藏登山学校更名为拉萨喜马拉雅登山向导学校,培养定位随之更趋明晰,办学理念更趋现代,课程体系更趋科学,与夏尔巴人口口相传的教学模式相比,优势也更趋显著。截至2024年上半年,西藏登山学校已培养出高山向导、协作、厨师、摄像(影)师、运动员、翻译等优秀人才近400名。其中,67位向导获得中国体育荣誉奖章,169名向导获得国家级登山运动健将证书,登顶珠峰的学生达523人次,登顶10次和15次以上的分别有16名和6名,扎西次仁和多吉次仁更以18次登顶的纪录雄冠全国,第一届学生次仁桑珠则已成长为学校的第二任校长、西藏圣山登山探险服务有限公司总经理、西藏自治区登山协会和登山向导协会主席。

建校25年来,西藏拉萨喜马拉雅登山向导学校彻底改变了我国登山运动后备人才和高海拔登山服务人员相对稀缺的状况,真正推动登山产业实现了从无到有、从小向大、从弱渐强——毕业于登山学校的学员,20%左右被选送至西藏登山队、西藏武警边防部队、西藏或青海登山协会等单位,其他都直接进入了西藏圣山登山探险服务有限公司。

——圣山探险公司

一方面是为了给即将走出校园的西藏登山学校第一批毕业生提供施展技能的平台,另一方面则是为了迎接西藏登山产业的崛起而提前布局,尼玛次仁于2001年开办了西藏圣山登山探险服务有限公司(以下简称"圣山探险"),并运用"以业养业、校企结合"的思路推动学校和公司并行发展。圣山探险致力于推广和传播登山运动及文化,提供高海拔攀登、技术攀登、徒步探险、攀岩和攀冰培训等服务,每年3—10月,都会组织珠穆朗玛峰、卓奥友峰、希夏邦马峰等8000米级山峰,以及7000米、6000米级山峰的登山活动。[1]

---

[1] 事实上,在西藏圣山登山探险服务有限公司之外,还有一家成立于2006年的雅拉香波登山探险服务有限公司,两家公司基本是两块牌子、一套人马。前者专注于7000米级及以下海拔的山峰攀登服务,后者则主攻8000米级雪山的登山市场。为简化表述,本书不对两家公司进行区分阐述,即以"圣山探险"整体代表。

公司成立伊始,国际团队进藏登山时还是习惯于依靠夏尔巴人,初出茅庐的藏族高山向导并非登山者的首选。但是,尼玛次仁对西藏登山学校所培养的学生的能力和素质信心十足,通过对公司服务理念、市场运作等方面的系统规划,加上 11 年联络官工作积累的丰富业界资源,圣山探险的向导们不久便开始频频出现在国内的大型登山活动上,以及罗塞尔·布瑞斯(Russell Brice,杰出登山家、登山领队,有"喜马拉雅王子"的美誉)等率领的国际知名登山队伍中,为他们提供先进和完善的高山服务。圣山探险独创的"1∶1"模式,因可以让高山向导和客户保持一致的攀登节奏,确保对客户进行专属化的全面照顾,一经推出,就迅速得到登山者们的青睐。很快,他们又在"1∶1"模式的基础上,增设了备用向导——哪里有需要,备用向导就前往哪里支援——从而最大限度地保证客户安全并提高登顶概率,进一步打开市场。

2003 年,为纪念人类登顶珠峰 50 周年,全球数十支登山队赴藏探险登山。中央电视台对中韩联合登山队和中国业余登山队攀登珠穆朗玛峰的整个过程进行了直播,深度参与其中并助力知名企业家王石等人成功登顶的圣山探险一战成名。2005 年,圣山探险参与极具挑战性的珠峰高程测量活动，协助我国科考人员精确测量珠峰高程，进一步树牢了在探险和科学测量领域的专业形象。2008年，北京奥运火炬接力珠峰传递活动中，火炬登顶珠峰、圣火顶峰传递和央视直播报道三大目标顺利实现，创造了奥林匹克与登山运动完美融合的奇迹，肩负高山向导、高山摄像、后勤保障等关键角色的圣山探险团队和西藏登山学校在校生一跃迈入国际舞台，引得全球瞩目。2014年，西藏圣山高山救援队和由万科集团、中城联盟菜鸟登山队、圣山探险共同出资的西藏高山救援基金会同时成立，填补了民间专业高山救援队的空白，为高山救援行动的长久开展提供了资金保障。2018年，西藏自治区登山管理中心（西藏自治区登山协会）和圣山探险共同发起的西藏喜马拉雅高山环境保护基金会，掀开了西藏高山环境保护事业的新篇章。

2020年的珠峰高程测量活动中，作为测量工作的保障团队，圣山探险和西藏登山学校共派出逾百人，承担高山向导、高山协作、高海拔修路、后勤等任务。珠峰高程测量登山队最后冲顶并完成顶峰测量任务的8人中，更是有5人都来自圣山探险。

从最初选派骨干参与国际团队的高山服务工作，到北京奥运圣火珠峰传递活动的历练成长，再到独立组织珠峰商业攀登,继而为国家高程测量任务保驾护航,圣山探险在一路开拓创新、登高博见中逐渐成为推动西藏登山产业发展的重要力量,也见证了登山运动在中国和世界的持续蓬勃以及一个又一个辉煌。

(3)登山与城市精神:深圳登协

在中国,极少有城市的人们像深圳群众这样热爱登山。早在1990年代,鹏城的山友们就已经找到了根据地——《万科周刊》的"游山玩水"论坛。实事求是来说,这个论坛能成为深圳户外人的大本营,根本上还是缘于时任万科董事会主席王石的有意推动。在他的带领下,山友们爬遍了本地的梧桐山、七娘山等近千米峰,2000年成功挑战海拔6178米的玉珠峰,次年又登上了7546米高的慕士塔格峰。2003年,以王石为代表的中国业余登山队登顶珠峰,让更多深圳人看到了民间登山的无限潜力。

同年,深圳市登山户外运动协会(以下简称"深圳登协")正式成立。王石任首届会长,曾做过北大山鹰社社长的曹峻受会长点名邀请,放弃了万科高薪而稳定的工作,履职秘书长。如今来看,深圳能成为北京之外的另一个登山运动发源地,与这位创始秘书长的深耕关联莫大。作为中国民间登山的代表人物之一,曹峻不仅由衷地热爱登山,更致力于将深圳登山事业专业化。自 2004 年起，他多次赴港学习香港攀山总会的培训课程体系、教练管理办法和评审制度等，并组织撰写了内地第一部地方登山"安全宝典"——《深圳市户外运动规范体系》。得益于此，深圳登协仅用了 6 年时间，便发展成国内最专业的民间户外组织，并逐渐取得了体育行业国家职业资格培训基地、山地救援培训基地、紧急救援职业技能培训定点单位、深圳市 4A 级社会组织等资质，孵化于深圳登协的深圳市公益救援志愿者联合会，也成长为代表性的民间应急救援队伍。

当然，作为一个由登山运动爱好者自发组织的地域性协会，深圳登协能够在全国"一枝独秀"，并推动深圳当仁不让地成为国内民间登山成就"第一城"，自然少不了诸多独特因素的集体"加持"。例如，身处改革开放的最前沿，经过 20 多年的发展，世纪之交的深圳涌现出了一批有意愿、有能力、好山乐水的城市新贵，他们早期是"游山玩水"论坛的元老团，深圳登协成立后便直接转变为了创始会员，且都能自发地、无私地投身到推动登山事业的发展中。又如，奔赴鹏城之人多是勇敢离开家乡、主动走出舒适区的追梦人，以及没有过多束缚、渴望创新与挑战的弄潮儿，在人群结构及年龄上，非常适合推广户外运动。"这些人选择登山实属必然。"曹峻如是说。深圳市体育主管部门的领导也是从欣赏的视角看待这一新生事物的,曹峻曾这样评价相关部门领导:"他们有发展的眼光,也敢于放手。"

如王石、汪建一样的企业家们,更是在登山户外领域助力深圳创新指数一路飙高的主力。王石曾谈道:"深圳登顶珠峰的人数在世界上千万人口的大城市中排名第一。这个城市的攀登事业如同它的经济发展一样,都走在国内城市的前列。"先后于2010年和2024年登顶珠峰的华大集团董事长、深圳登协荣誉会长汪建则直言:"一个城市有多少人登上珠峰,实际代表了这个城市的创新指数。"深圳登协现任会长厉伟表示,支撑深圳这么多人去登山的就是这种不断探索新边疆、探索人生边界的精神,这种精神也使这个城市保持了足够的活力,这种活力又会带动更多人以各种方式探索人生的边界。目前就任常务副会长的曹峻同样提到,鹏城的珠峰攀登者来自社会的各个层面,有着截然不同的人生轨迹,但他们有一个共同的特点,那就是敢向山行,敢为人先。始于攀登而又不止于攀登,已成为深圳这座敢想敢拼、勇于冒险的城市最好的名片。

2024年珠峰登山季,共有15位来自深圳的攀登者登顶珠峰,达到有史以来深圳人登顶数量最多的一次,其中,

70岁的华大集团董事长汪建更是刷新了中国登顶珠峰最年长纪录。尤为令人肃然起敬的是，与多数登峰者以登顶和安全下撤为目标不同，华大登山队是带着科研任务和设备前往珠峰的。从深圳大梅沙到地球第三极，他们背负不同的仪器，采集各种实验数据，哪怕在8300米的突击营地，甚至到达顶峰后，为了取得人类在极高海拔缺氧状态下的生理状况数据，他们也不顾低温寒冷解开衣服，不惧缺氧窒息摘掉面罩，为人类的福祉豁了出去。最终，华大登山队传回了全球首份来自世界之巅的超声图与脑电数据。

根据第七次全国人口普查数据，深圳市常住人口（含深汕特别合作区）为1756.01万人，占全国总人口的1.2%。与之形成鲜明对比的是，截至2024年5月底，在登顶珠峰的727位中国人里，普通户外爱好者约有500人，其中61人来自深圳，占比为12%。

以1.2%撑起12%，无疑是持续进取的深圳登协和不止于攀登的深圳登山人过去逾20年拼搏向上的最硬核成就。

3. 向上的中国精神

自1960年首次从北坡登顶以来，多轮珠峰高程测绘的成功，既是中国攀登英雄们忠诚事业、顽强拼搏、无私奉献、追求真理的直观体现，更是中华民族伟大创造精神、伟大奋斗精神、伟大团结精神、伟大梦想精神的真实写照。

生态环境的考察、地质情况的勘探与山脉的测绘工作等是我们了解脚下土地、认知自身生存环境的必要探索过程。其中，珠峰高程测绘更是一项代表国家测绘科技发展水平的综合性工程。珠峰高程，即珠峰海拔高，是峰顶到"大地水准面"的距离，对阐明全球构造运动、发展地球科学理论，具有极其重要的价值。然而，珠峰的高程测量从来都不是一项容易完成的任务，即使在技术发达的今天，贡献过珠峰测量数据的也只有英国、印度、尼泊尔、中国、美国等少数国家。

人类测绘珠峰的历史最早可以追溯到清康熙五十六年（1717年）。受康熙皇帝委派，为绘制全国性地图《皇舆全览图》，理藩院主事胜住和喇嘛楚尔沁藏布、兰本占巴三人从青海进入西藏测图，并在地图上明确标注了"朱母郎马阿林"的位置——"朱母郎马"藏语意为第三女神，"阿林"则为满语"山"之代称。这是人类第一次测绘珠峰，也是中国人首次对珠峰的地理发现和命名。

19世纪上半叶到20世纪初，英属印度测量局对喜马拉雅山脉进行了广泛调查与测量，在这之后的相当长时间里，珠峰高程一直沿用国外测定的数据。伴随新中国的成立，中央人民政府提出"精确测量珠峰高度，绘制珠峰地区地形图"，并将其列入新中国最有科学价值和国际意义的"填空"项目之一。需要指出的是，受制于峰顶气流不稳、强风多、气温低等因素，测量型无人机或机器人至今仍无法在峰顶作业。因此，要想获得珠峰更精确、可靠的"身高"数据，就必须要求专业测绘人员通过重重考验亲身登顶、人工操作。这便有了几代测绘人以血肉之躯踏上人迹罕至、极端苦寒之地的探索征途。

1966—1968年，国家测绘总局与中国科学院合作，对珠穆朗玛峰及其毗邻地区进行大规模的综合科学考察，并建立了高水平、高质量的测量控制网，为之后精确测定珠峰高程打下了坚实基础。1975年，我国测绘工作者首次对珠峰"身高"进行了专业测量，5月27日，9名登山队员从北坡成功登顶，将红色金属测量觇标竖立在峰顶，以三角高程测量方法为基础，水准测量、三角测量、导线测量等作辅助，获得了有效数据，最终向全世界公布珠穆朗玛峰高程为8848.13米，这一数字也作为官方数据被国内外广泛采用。1992年和1998年，通过国际合作，测绘人员对珠穆朗玛峰高程进行了复测。进入21世纪，我国的测绘科技、设备都有了全新突破，为获得更权威、精准的高程数据，遂组织开展了对珠峰高程的又一次测量。2005年5月22日，冲顶队于珠峰之巅立起觇标，测得珠峰峰顶岩石面的海拔为8844.43米（岩石面高程测量精度±0.21米，峰顶冰雪深度3.50米）——较1975年的测量精确度进一步提升。

15年过去了，珠峰高程有变化吗？2019年10月，中尼两国共同发布《中华人民共和国和尼泊尔联合声明》，明确提出"双方将共同宣布珠峰高程并开展科研合作"。为落实联合声明，我国组织精锐力量再次展开珠峰高程测量工作。2020年，是人类首次从北坡成功登顶珠峰60周年，也是中国首次测定并公布珠峰高程45周年。当年5月，中国高程测量登山队面对高寒缺氧、风雪肆虐等重重困难，在21天内发起3次冲顶，终于在27日于最高点竖起觇标，利用我国自主研发的仪器测量了峰顶的位置和高程，8名队员在峰顶停留的150分钟，更是创造中国人珠峰峰顶停留时长新纪录。2020年12月8日，中国国家主席习近平同尼泊尔总统班达里互致信函，共同宣布珠穆朗玛峰高程为8848.86米，为世界最高峰留下了新的历史高度。在那个新冠疫情全球蔓延、世界格局动荡起伏的特殊年景，对珠峰高程的重新测量不仅是中国科技创新升级、突破领先的标志和中国人民不畏艰险、勇于攀登的象征,更是中国力量、中国精神的绝佳写照。

表8 中国珠峰高程测量简史

年份	成就	技术方法	高程
1966—1968年	在珠穆朗玛峰地区建立了高水平、高质量的测量控制网。为日后精确测定珠峰高程打下了坚实基础	三角测量、水准测量、天文测量、重力测量、物理测距、折光试验等	未公布
1975年	测量结果作为官方数据被国内外广泛采用	采用传统的经典测量法,以三角高程测量方法为基础,配合水准测量、三角测量、导线测量等	8848.13米
1992年	开展国际合作,同意大利登山队共同对珠穆朗玛峰高程进行测量	开展了平面控制测量、水准测量、天文重力测量,并在大本营、Ⅲ7点和珠穆朗玛峰峰顶,用GPS接收机同步进行了珠峰交会测量	未公布
1998年	开展国际合作,同美国登山队共同对珠穆朗玛峰高程进行测量	开展了平面控制测量、水准测量、天文重力测量、GPS联测。由于美国登山队登顶失败未能进行觇标交会,采用常规三角测量方法对珠峰峰顶进行了交会	未公布
2005年	精确测得峰顶冰雪深度,获得珠峰峰顶岩石面的海拔高程	采用传统大地测量与卫星测量结合的技术方法,首次使用雪深雷达探测仪取代人工插杆测量	8844.43米

（续表）

年份	成就	技术方法	高程
2020年	测量的科学性、可靠性、创新性都有明显提高，珠峰高程测量的精度达到"史上最高"。中尼两国共同宣布珠峰高程	综合运用了GNSS测量、精密水准测量、光电测距、雪深雷达测量、重力测量、天文测量、卫星遥感测量、似大地水准面精化等多种测绘技术。首次使用我国自主研发的北斗系统	8848.86米

三百年前，我们的祖辈徒步奔赴遥远的西藏，历尽艰辛将珠峰绘制在华夏地图之上。新中国成立后，几代测绘工作者前仆后继，用青春、汗水、鲜血甚至生命丈量960万平方公里的制高点，一次次树起测量标杆、一个个标注新的坐标。正所谓，珠峰高度在变，国人初心不改，唯有脚步不断向上攀登，精神才能代代向下传承。

从1960年三先驱打破魔咒，经北坡在地球之巅留下人类的脚印，到1975年九勇士集体创下彼时男女混合问鼎"万山之尊"人数之最，再到1988年的南北双跨奇迹（中日尼联合登山队实现"北上南下、南上北下"双向跨越珠峰的壮举）和2008年的奥运圣火耀峰顶，以王富洲、贡布、屈银华、潘多、次仁多吉、李致新、王勇峰等为代表的职业登山家们接棒谱写了雄壮至美的中国珠峰传奇。

前人开路，后人寻迹，1980年代末，民间攀登悄然兴起。高校社团的旗帜北大山鹰社、向导培养的摇篮西藏登山学校、城市组织的典范深圳登协等等，共同见证并推动着登山运动的蓬勃发展，合力培育了一批又一批的业余登山爱好者和珠峰追梦人。这些人里，有亚洲第一位站上珠峰最高点的盲人攀登者张洪，有中国首位依靠双腿假肢挑战成功的夏伯渝，也有华夏最年长的登顶者汪建和最年少的珠峰男孩艾力库提·地里夏提，还有那些深入在各行各业、平凡又伟大的寻常百姓。他们每个人的攀登路线和登顶过程不尽相同，但对超越自我、挑战极限的向往与追求并无差异，且都或深或浅地影响着身边的你我他。

21世纪即将开启后四分之三的新里程，向上的攀登故事正值精彩，向上的珠峰征途更值期待，向上的中国精神最值传承。

赛艇卷 **静水激流**

一、赛艇运动演进简史

(一) 1829：最具文化底蕴的水上赛事起航

赛艇是一项桨手乘艇背向前进方向划行的水上竞速运动。其不仅历史悠久（跨越 3 个世纪），特色鲜明（唯一一项全程背向行进的奥运项目），而且家族庞大（根据桨手的性别、人数、体重、操桨方式及有无舵手，赛艇运动可细化为数个小项，是名副其实的奥运"金牌大户"[14 枚]），众赛艇健儿在湖（河）面上"奋楫逐浪，你追我赶"的精彩场面也是每届现代奥林匹克运动会的关注焦点。

赛艇运动还被公认为是力与美的和谐奏章，堪称运动的交响乐。相对于其他体育项目在开展过程中通常只涉及部分肌肉的训练，赛艇比赛中桨手的每一块肌肉几乎都能够被"调动"起来，并因此燃脂剧烈，耗氧巨大。生理学家推算，优秀赛艇运动员在一场约 6 分钟左右的 2000 米赛程中的体能消耗与连打 2 场标准时长篮球赛差不多，每分钟最高可吸入并消耗 8 升氧气——正常成年男性平均每分钟至多吸入氧气量为 4—5 升——耗氧量足以匹敌顶尖赛马。对于观赏度更高、比拼更激烈的多人赛特别是八人赛来说，尽管超越常人的体能、坚不可摧的意志、千锤百炼的技术均不可或缺，至关重要的更是艇上每个人的忘却小我，进而所有人、每一桨、整条船达至完全融合。在提桨、拉桨、按桨、推桨动作的不断重复中，当 16 只手臂和 16 条腿拉伸弯起整齐划一、8 支桨入水出水毫厘不差、8 个身体前倾后仰同频同幅之际，赛艇便会如入无我之境般飞驰于静水水面，为观众奉上一场极致的视觉盛宴。

1. 赛艇历史文化的诠释 —— 牛津剑桥对抗赛

与世界第一运动——足球同源，赛艇项目也诞生于英国。早在 17 世纪，泰晤士河畔的船工们就通过划船比赛来缓解劳作的辛苦。尽管这一时期的比赛往往是一时兴起，并无明确规则可言，甚至还散发着"粗鲁"的气息——安排己方朋友在必经的桥上向对手船只扔石头或者干脆驾着大船挡在对手面前等等招数屡见不鲜——但其与生俱来的魅力还是让沿岸的观赛者和押注者越来越多。后来，为庆祝乔治一世登基，一场由演员托马斯·道盖特（Thomas

Doggett）策划的从伦敦桥到切尔西的类似如今赛艇模样的划船赛于 1715 年隆重举行，因获胜者上披左臂缝有银色勋章的大红色外套，下搭红色及膝马裤配白色长筒袜，该比赛也被称为道盖特风衣及徽章赛（Race for Doggett's Coat & Badge）。自此，赛艇比赛便成为英国王位继承仪式的重要组成部分，这也给这项运动赋予了或多或少的贵族色彩。

进入 19 世纪，赛艇在英国愈发流行，虽然不少俱乐部试图走精英路线，将其打造为只属于绅士的优雅项目，但随着该运动在整个欧洲的迅速发展，泰晤士河上已随处可见挥桨斩浪的赛艇人，赛艇日趋成为大不列颠的全民运动。

专栏 7　一部流动的历史——泰晤士河

泰晤士河孕育了璀璨辉煌的英格兰文明，见证了近代英伦的迅猛崛起，甚至支撑着今天大不列颠的强国地位。正是这样一条运输之河、贸易之河、盛典之河、艺术之河、景观之河、运动之河，引无数商业巨贾、王室贵族、文人墨客、演艺明星、体育健儿竞折腰。

如今，到访英国特别是伦敦，泰晤士河仍是优选景点之一。每每微风拂面,波光粼粼,轻行摇曳间总能感受到古典与现代、传统与时尚的完美融合。无论是静谧肃穆的历经千年沧桑的威斯敏斯特教堂,还是有"伦敦正门"之称的出镜率超高的伦敦塔桥,抑或是能够俯瞰整个城市并一度坐上观景摩天轮全球头把交椅的"伦敦眼",以及代表格林威治时间的大本钟、藏品界的扛把子大英博物馆、堪称全世界CBD典范的金丝雀码头、极具视觉冲击力的千年穹顶等等,都在泰晤士河的滋养下和谐共存、熠熠生辉,一面散发着盎然古意,一面又充满了魔幻传奇。

泰晤士河全长逾340公里,流域面积约13000平方公里,除了贯穿伦敦,还流经牛津郡、伯克郡、白金汉郡等地,沿途如亨利、温莎、伊顿等小镇更是声名远播,并大都与赛艇运动渊源甚深。

....

尤为值得一提的是,尽管英国人总喜欢拿足球自嘲,可对待赛艇,却显然自信得多,截至目前,英国以34枚的数量与美国共同占据奥运会赛艇金牌榜榜眼之位。如此惊艳的成绩,自然与普罗大众对这项运动的偏爱密切相关,但更离不开英国高校的重视和推动。作为本土最著名的两所院校，牛津与剑桥的赛艇对抗无疑给这项运动增添了更多的文化底蕴。

两校赛艇队的比赛最早由两位好友，即牛津大学的查尔斯·沃兹沃斯（Charles Wordsworth）和剑桥大学的查尔斯·梅里维尔（Charles Merivale）偶然创意促成。1829年3月12日，剑桥大学赛艇队向牛津大学发出战书，拟定复活节期间在泰晤士河进行一次八人艇比赛。两所世界顶级学府间的赛艇对抗百年恩怨序幕就此拉开。

首届牛剑赛艇对抗赛在泰晤士河牛津郡的亨利河段进行，有近20000人到场观赛。最终牛津大学强势夺冠，颇具意义的冠军艇如今就收藏于亨利小镇的"河流与赛艇博物馆"中。由于各种原因，两校直到1836年才在泰晤士河伦敦段的威斯敏斯特进行了第二次对决，牛津大学、剑桥大学分别身着深蓝和浅蓝色队服的经典传统也正是从此届比赛开始并延续至今。1845年，鉴于威斯敏斯特河段过于拥挤，比赛又移至帕特尼到莫特莱克河段。从1856年开始，牛津剑桥赛艇对抗赛变成年度盛会，除了战争以及2020年新冠疫情导致比赛暂停外，每年3、4月相交的周末，上一年的失败者就会向获胜者发起挑战，两队选手随之相约在泰晤士河上演"逐涛搏浪、奋楫争先"的精彩场面。

近年来,每届赛事都会吸引数万甚至数十万人到泰晤士河两岸观看,与其说是一场比赛,倒不如说是一场狂欢盛宴。不过,此番热闹景象并非只在牛剑对抗赛时才会出现,泰晤士河畔一个人口约万人的小镇,每年 7 月的第一周都会有来自世界各地的队伍聚集于此展开较量,吸引大批拥趸和众多贵族名流盛装出席观赛,现场同样人山人海,热闹非凡。

专栏 8 剑桥大学与牛津大学赛艇俱乐部

剑桥大学赛艇俱乐部(Cambridge University Boat Club,CUBC)和牛津大学赛艇俱乐部(Oxford University Boat Club,OUBC)分别成立于 1828、1829 年,位居世界上最早成立的高校赛艇社团之列。两个俱乐部的相继诞生为牛剑赛艇对抗赛的落地奠定了现实基础。截至 2024 年,牛津剑桥赛艇对抗赛的总体结果是:公开级男子队比赛剑桥以 87 比 81 小胜牛津(1877 年赛艇比赛中出现一场平局),公开级女子队比赛剑桥以 48 比 30 力压牛津。

纵观两所高校赛艇俱乐部近两百年的发展史,不难发现诸多政商学界风云人物当初的身影。例如，澳大利亚第八任总理斯坦利·布鲁斯（Stanley Bruce）、登山界鼻祖乔治·马洛里等都曾是剑桥大学赛艇队的优秀桨手；物理学家斯蒂芬·威廉·霍金（Stephen William Hawking）、挪威前国王奥拉夫五世（Olav V）以及万维网的发明者蒂姆·伯纳斯-李（Tim Berners-Lee）等则在求学期间效力于牛津大学赛艇队。这也印证了世界级赛艇建造大师乔治·耶曼·波克科（George Yeoman Pocock）的名言："赛艇是这样一项运动，自始至终，在每一个世纪都被人们所热爱。其中必然有一种美丽，普通之人无法看见，而非凡之人却在追求。"

2. 贵族血统纯正的赛艇盛会——亨利皇家赛艇大赛

蜿蜒的泰晤士河沿岸，分布着很多迷人村镇，位于牛津郡的亨利镇便是其中之一。走进亨利小镇，常可以看到，河边长椅上悠然赏景的银发夫妻，堤岸旁步伐矫健的运动达人，咖啡屋内轻言细语的少男少女，当然更多的则是乘艇泛舟的三五知己或观光客。英国每个小镇都有自己的灵魂，亨利的灵魂便是赛艇。作为全球赛艇爱好者的"朝圣地",亨利的王牌之一当数始于 1839 年,迄今已有 180 余载历史的亨利皇家赛艇大赛(Henley Royal Regatta)。

亨利皇家赛艇大赛之所以与王室挂钩,是因为 1851 年时,阿尔伯特亲王(Prince Albert)成为该赛事的赞助人。其去世后,英国王室成员不仅接棒赞助,还经常造访比赛现场,亨利赛艇大赛(Henley Regatta)因此被更名为亨利皇家赛艇大赛。

有了王室"血脉"的注入,亨利皇家赛艇大赛的影响力自然与日俱增。不仅世界名校赛艇队、各国顶尖运动员争先到场——自 1861 年起就有非英国本土选手参加,同台竞技,进而推动赛事含金量一路飙升——还因考究的观赛礼仪将传统的"英伦范儿"展示得淋漓尽致,而迅速晋升为英国人夏季社交日历中的大事件,并长盛不衰。例如,到场的所有观众都被禁止穿运动服、牛仔装或短裤,男士着装一般为代表自己所支持俱乐部的赛艇西装外套配奇诺裤,女士则必须穿过膝裙,并被鼓励戴缀有羽毛的阔边帽。此外,尽管竞争高度激烈,但参赛者间都会真诚地相互鼓励,且无论成绩如何,每支赛艇队都会得到来自现场观众绝不厚此薄彼的热烈掌声。当然,赛后的各式庆祝活动则会将亨利小镇进一步变为人人瞩目的社交场。

作为殿堂级的赛艇运动圣地,亨利小镇除了享有皇家赛艇大赛 IP,还有两个羡煞世人的"镇镇之宝":一个是上文提到的全球唯一以赛艇为主题的"河流与赛艇博物馆",另一个则是被誉为"奥运奖牌工厂"的利安德俱乐部(Leander Club)。

3."奥运奖牌工厂"——利安德俱乐部

1818 年,6 位经常在泰晤士河一起划船的船工,萌生了组建俱乐部的念头,于是就地取材,直接选用了他们的船名"The Leander"为俱乐部名,利安德的辉煌从这一刻即开始书写。作为历史最悠久、最负盛名的赛艇俱乐部,利安德的成就无与伦比。自 1908 年以来,该俱乐部运动员共获得 159 枚奥运会和残奥会奖牌,这个数字超过了全球任何一家体育俱乐部的奥运奖牌数量,因此被赋予"奥运奖牌工厂"的美名。包括奥运五金得主史蒂夫·雷德格雷夫(Steve Redgrave,见专栏 9)、四金得主马修·品森特(Matthew Pinsent)等赛艇名将均曾受训于此,难怪在牛津百科(Oxford Reference)里,利安德都能拥有自己的注释——世界上最早的业余赛艇俱乐部。

走进利安德俱乐部,最显眼的位置便是一块占据整面墙的木制展板，上面密密麻麻地刻满了曾经在奥运会上获得过奖牌的利安德队员的姓氏。因为获奖太多，运动员的奖牌、奖杯被安放在小楼的各个角落；会员的休息室里也悬挂着明星运动员用过的艇桨；二层的走廊两侧则挂满了运动员站在领奖台上的照片。在这里的每一刻，墙上闪烁着的星光都提醒着人们，这是一家传奇的俱乐部。

专栏9 奥运金牌"五连庄"——史蒂夫·雷德格雷夫

在英国，拥有爵士头衔的运动员并不多，大众熟悉的当数"老爵爷"亚历山大·查普曼·弗格森（Alexander Chapman Ferguson）和F1知名赛车手刘易斯·汉密尔顿（Lewis Hamilton）。从赛艇领域看，雷德格雷夫爵士的传奇绝对不输这两人——其奥运赛艇五连冠的战绩至今无人能破，打着胰岛素上赛场的画面更是永载奥林匹克史册。

史蒂夫·雷德格雷夫是英国乃至世界历史上最伟大的赛艇运动员，也是唯一一位连续5届奥运会都夺得金牌的赛艇悍将。1984年洛杉矶奥运会，他在男子四人单桨有舵手小项中收获自己的奥运首金；1988年汉城奥运会，他与安迪·霍姆斯（Andy Holmes）合作赢得男子双人单桨无舵手比赛冠军，并搭档马修·品森特于四年后的巴塞罗那奥运会卫冕成功；1996年亚特兰大奥运会，雷德格雷夫、品森特组合毫无悬念地再次将男子双人单桨无舵手金牌收入囊中；2000年悉尼奥运会，38岁的雷德格雷夫与队友一起登上男子四人单桨无舵手小项最高领奖台，由此实现金牌"五连庄"。除了在奥运赛场树立起令人惊叹景仰的丰碑，雷德格雷夫的统治力还延伸到了世界赛艇锦标赛。翻开这项赛事的历史成绩册，其9枚金牌的战果同样耀眼夺目。

事实上，雷德格雷夫职业生涯的后半段一直饱受病痛折磨，先是1992年被诊断为溃疡性结肠炎，5年后，又患上糖尿病。备战悉尼奥运会期间，为了保证高强度的训练，雷德格雷夫每天必须摄入超过6000卡路里的热量，因此，一天六餐的饮食都不得不通过皮下注射胰岛素来控制血糖，以及手指抽血10次来监测血糖水平。外人只知第五次踏上奥运征程的雷德格雷夫已从当年22岁的年轻小伙变成了38岁的老将，却绝难体会其在平衡治疗与竞训间遇到的挑战和付出的艰辛。不过，年龄和疾病最终没有封堵住这位赛艇超人的奥运金牌路，在男子四人单桨无舵手比赛中的夺冠，让雷德格雷夫不仅成为英国人心目中的英雄，更成就了奥运史上的又一个奇迹,激励着无数年轻人投身于这项运动。悉尼奥运会后,雷德格雷夫宣布退役,并被英国女王授予爵士爵位。2002年,在英国广播公司(BBC)评选的100位最伟大的英国人中,他名列第36位。

离开赛场的雷德格雷夫曾以主持人和特邀评论员的身份成为英国广播公司奥运会和国际赛艇赛事团队的一员,为观众带来关于赛艇比赛的精彩解说和专业分析。此外,他还热衷于参加公益活动,例如,为提高人们对糖尿病导致视力丧失的认识,担任了知名眼镜品牌Specsavers的形象大使,等等。2018年,阔别赛场近20年的雷德格雷夫正式与中国赛艇队签约,司职高水平运动表现总监。他在采访时说:"我和富有远见的中国赛艇协会一拍即合,既然奥运情结是一辈子的,为什么不在一个新的地方延续我的赛艇事业呢?"

雷德格雷夫接手以来,中国赛艇队先是于2019年世锦赛上取得3金1银的历史最好成绩,后又在2020年东京奥运会中大放异彩,不仅女子项目收获1金1铜,男子项目还实现了奖牌零的突破。若说"雷神"是站在中国赛艇队背后的重要功臣,想必无人反驳。

作为赛艇运动的"人才后花园",利安德俱乐部已为英国赛艇队累计输送了近500名俱乐部成员,在第29—33届奥运会中,共有113名利安德人走进奥运赛场。2024年巴黎奥运会,利安德俱乐部成员众望所归地为英国队夺得1金1银2铜,共计4枚奖牌。如此高的成材率,主要得益于俱乐部长期坚持的"人才发展计划"。利安德俱乐部每年都会从全国遴选若干运动员,并为这些"新鲜血液"提供世界级的训练方案。在过去两年,俱乐部招收的男、女队员比例达到1∶1,是英国首批平等资助男、女运动员的赛艇俱乐部之一。与此同时,为助力来自贫困家庭的天才赛艇运动员在更高的舞台上取得成功,俱乐部还会向这些年轻人提供食宿等经济支持,使他们可以更好地投身于所热爱的赛艇事业。过去15年里,俱乐部内有10%的运动员受益于此。

利安德俱乐部之所以能够给予经济困难的运动员持续不断的资助,是因为其在与赛艇相关的酒店、餐饮、会展等一系列配套业务中,创造了可观收入。坐落于泰晤士河亨利段黄金地带的利安德俱乐部开放11间以赛艇名校为主题装饰的套房引人注目,加上配套的私人餐厅和会议室,更是来访游客们共进晚餐、家庭聚会或公司活动的理想场所。屋内精心装饰的赛艇纪念品、奖杯与窗外河流、桥梁和教堂融为一体，如诗如画，常年吸引着世界各地的赛艇爱好者慕名而来。此外，令人陶醉的河畔场所还为利安德俱乐部牵来了一头"现金奶牛"——婚庆服务。周边的浮桥、船屋、露台在远处河流、集镇、山丘的映衬下，成为新人们拍摄婚纱照的完美地点，丰盛的婚礼餐点、欢腾的酒吧舞会和精彩的烟花表演更会给来到这里的新人及宾客创造美妙的"利安德式浪漫"。

（二）1892：国际赛艇联合会诞生

从 1829 年牛剑对抗赛起航，历经数十年的发展，赛艇运动渐渐越过泰晤士河，开枝散叶于世界多国。在这样的背景下，为进一步推动全球赛艇事业规范健康前行，一个代表着该项目最高领导职能的组织"呼之欲出"。1892 年，国际赛艇联合会（Fédération Internationale des Sociétés d'Aviron，FISA，目前官方称谓是 World Rowing）在意大利都灵应运而生，1923 年迁至瑞士纳沙特尔，最终于 1996 年定址瑞士洛桑。

1. 世界赛艇运动领导机构——国际赛艇联合会

作为全球赛艇运动的领导机构,国际赛艇联合会(简称"国际赛联")一方面负责制定关于这项运动的各类规则条例,另一方面则要审批和监督世界赛艇锦标赛、赛艇世界杯、洲际赛艇锦标赛等大型赛事,并为这些赛事的组织提供专业指导和建议。

为更好开展上述工作,同时践行"运用多种方式有力且高效地促进赛艇运动的全球化发展,并在管理及推广过程中尊重和保护环境"的使命,国际赛联日臻完善了一个由代表大会、执行委员会、理事会构成的组织架构,并陆续设立了包括运动员委员会、青年委员会、女性委员会、裁判委员会、运动医学委员会、设备与技术委员会等在内的逾十个专业委员会。

专栏 10　国际赛艇联合会的净水环保行动

当今世界正持续面临水资源紧缺问题。根据世界资源研究所(World Resources Institute,WRI)2023 年发布的报告,目前约有 40 亿人,即全球一半人口每年至少有一个月处于高度缺水状态（指一个地区内部至少60%的可用水资源被消耗，导致不同用户之间出现用水竞争），而到2050年，受影响人口的比例预计将上升至近60%。

由于赛艇的运动场地就是河、湖等自然水上环境，日常活动及专业赛事的进行都必须以良好的水环境为依托，因此，赛艇人对保护水资源的重要性和急迫性始终有着清醒认知和深刻理解。正因如此，国际赛艇联合会一直积极响应联合国倡导的可持续发展目标（Sustainable Development Goals，SDGs），持续致力于利用体育的力量为自然环境带来积极的变化，并身体力行地在水资源的使用和管理中采用更多利于环境可持续发展的措施。

早在2011年，国际赛艇联合会就与世界上最大、最受尊敬的独立自然保护组织世界自然基金会（World Wide Fund For Nature，WWF）联合发起了具有开创性意义的"净水计划"（Clean Water），共同致力于在全球范围内唤起公众对于水资源保护的意识，宣传净水对于人类和自然的重要性。"净水计划"中的旗舰项目之一便是位于赞比亚的卡富埃河流及赛艇中心（Kafue River & Rowing Centre，KRRC），目前已有包括安德鲁·特里格斯·霍奇（Andrew Triggs Hodge）、奥拉夫·塔夫特（Olaf Tufte）、萨姆·博斯沃思（Sam Bosworth）等在内的多位赛艇奥运冠军和世界冠军自愿担任其宣传推广大使，为其筹集建设资金。未来，这里不仅将成为世界级的赛艇基地，更会是一个关于水资源保护的全球性研究中心。

在开展"净水计划"的同时，国际赛艇联合会陆续为各类赛艇赛事设定了水资源使用和管理的新标准，并将其作为世锦赛、世界杯等国际赛事举办地点选择的重要依据。此外，国际赛艇联合会还积极与赛事组织者、会员协会及俱乐部合作，保护赛艇场地的生物多样性，并想办法再生这些场地周围的生态系统，使其比赛艇活动举办之前更好。这也是国际赛艇联合会能够在2018年成为承诺保护联合国教科文组织世界遗产及其缓冲区的第一个体育机构的底气所在。

基于双方第一阶段的良好合作，国际赛艇联合会与世界自然基金会已在2019年签署协议，将"净水计划"延长至2024年。正如国际赛联主席让-克里斯托夫·罗兰（Jean-Christophe Rolland）所说："全世界的赛艇人都支持净水计划，不仅仅因为这对赛艇运动本身来说至关重要，更因为大家都很清楚水资源的污染问题关乎生死，所以我们愿意联合所有的会员协会及地球村的赛艇人一起，为保护并重构洁净的流动水资源的系列行动提供支持。"

2. 国际赛联两大代表性赛事——赛艇世锦赛、世界杯

（1）世界赛艇锦标赛

世界赛艇锦标赛是由国际赛艇联合会组织的最高规格赛事，首届世锦赛于 1962 年在瑞士卢塞恩举行，随后每四年举办一次，自 1974 年起转为年度赛事。

如今，世界赛艇锦标赛共设包括所有奥运小项在内的 20 余个比赛项目。根据国际赛艇联合会公布的赛事信息，至 2025 年，赛艇世锦赛共举办 53 届（2020、2021 年因疫情取消），先后在 25 个国家的湖（河）面上挥桨竞渡（见图 3）。具体来说，欧洲地区累计举办 40 次，是非欧地区办赛总和的 3 倍，占比高达 75%。从举办国家角度看，受惠于泰晤士河滋养的英国，莱茵河所流经的瑞士、德国、奥地利、荷兰，以及解体前的南斯拉夫，举办次数均达到 3 次或以上。其中，瑞士的卢塞恩不仅是世界赛艇锦标赛的"发源地"，四办世锦赛的经历也让其他城市望尘莫及。而位于北美洲的加拿大，则凭借渥太华河、安大略湖等丰富的河湖资源，在 2024 年世锦赛后，成为最受青睐的赛艇世

锦赛举办国家（5次）。

反观亚洲地区，仅在2005年（日本）、2013年（韩国）举办过2届世锦赛。值得一提的是，2022年9月，从捷克首都布拉格举行的国际赛艇联合会代表大会上传来一则好消息，2025年世界赛艇锦标赛定址上海，这也是该赛事首次进入中国。

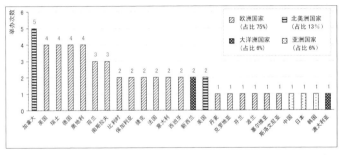

图3　世界赛艇锦标赛举办国家及区域分布（1962—2025年）

（2）赛艇世界杯

自1997年第一次举办以来，赛艇世界杯通常被看作当年世锦赛的"前奏"。除2001年外的历届赛艇世界杯均是三站制，每站比赛一般持续3天。

更甚于赛艇世锦赛，截至2024年，已经收官的82场赛艇世界杯分站赛中（2001年设4站，2020年因疫情未举办),欧洲国家承担了 79 场(其余 3 场举办地分别是 2001 年的美国新泽西、2013、2014 年的澳大利亚悉尼),其中瑞士的卢塞恩独占近三分之一,共举办 25 场,堪称赛艇世界杯"专业户"(见图 4)。

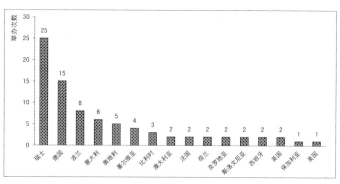

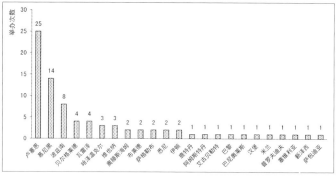

图 4　赛艇世界杯举办国家与城市分布(1997—2024 年)

（三）2023：杭州亚运会首金"破茧"

"首金！首金！中国队赢了！"2023年9月24日，杭州富阳水上运动中心的观众席上爆发出阵阵欢呼声。在这里进行的亚运会女子赛艇轻量级双人双桨决赛中，中国组合邹佳琪、邱秀萍以巨大的领先优势，为中国体育代表团赢得"开门红"，同时还创造了赛艇项目诞生中国亚运首金的历史。

与多届奥运会首枚金牌皆出自射击项目不同，排在亚运会赛程最前面的往往是东道国的优势项目。因此，亚运首金项目的"稳定性"明显低于奥运会，游泳、举重、击剑、射击、武术等都曾享受过最先"曝光"的待遇，第19届则是赛艇。

放眼亚洲，中国赛艇队的实力足以傲视群雄。自1982年赛艇"入亚"以来，该项目累计产生129枚金牌，我国选手狂揽了其中的103枚，占比高达80%。杭州亚运会上，中国赛艇健儿再度以11金2银的骄人战绩横扫赛场，其中女子八人单桨有舵手小项的金牌，恰好也是中国体育代表团在亚运会历史上获得的第1500枚金牌。

回溯过往，从1953年一场"不安分"的冒险（见专栏11）无意间叩开赛艇运动的大门，到1956年在杭州西湖举办的第一场全国四城市划船赛推动新中国赛艇运动员培养的起航，再到1982年新德里亚运会"一战封神"，2008年北京奥运会"一鸣惊人"和2023年杭州亚运会首金"破茧"，半个多世纪来，中国赛艇人筚路蓝缕，栉风沐雨，一代接一代，一桨跟一桨，终把赛艇之道越划越宽。

专栏11 一场"不安分"的冒险

凭借清朝中后期"一口通商"的超然地位，1830年代的广州便成为中国最早接触西方划船运动的城市。上海开埠后，外侨又将这项运动带至这里。1863年，以英国人威廉·斯托特（William Stout）为创始会长的上海划船总会正式成立，会址定在苏州河石桥西首。此后，形式多样的赛艇比赛和活动陆续举办，每年春秋季各一次的常规赛事，更是在沪外侨的盛会。

1863—1952年的89年间，上海划船总会几乎是外侨专享的乐园。1953年，上海军管会全面接管后，总会里的室内泳池率先被修缮一新，并更名为黄浦游泳池，向市民开放。不过，28艘船艇却因未接到明确的"安置"通知，而只能暂停在船库中。所幸没过多久，几个年轻人的一场"不安分"冒险，给了它们重入江河的机会，也在无意间叩开了赛艇之门。

程骏迪依然清晰地记得第一次走进上海划船总会船库时的场景。那一年，刚刚20岁的他，望着这些新奇的船艇，很快就按捺不住内心的躁动："外国人能划这些船，我们为什么不能试一试？如果大家都不敢试，这些船艇接管来有什么用？"在程骏迪的鼓动下，王炳耀也加入了这场冒险。两人都当过救生员，不仅水性好，还有过划中国传统的舢板船和乌篷船的经验，能保证自身的安全。在成功"游说"船库保管员曹德钧后，三个年轻人挑选了一条训练艇悄悄抬到苏州河畔的码头。"我们不停地翻船，不停地划，拖着筋疲力尽的身子，却丝毫没有动过放弃的念头。一开始不敢划出外白渡桥，只是在码头附近打圈。"据程骏迪回忆，大约两周之后，他和王炳耀就已划得有模有样，开始向外滩公园的方向进发。后来，黄浦游泳池的救生员们也在空余时间跟随程骏迪、王炳耀和曹德钧学习。就这样，他们日常训练的身影渐成黄浦江和苏州河上一道特别的风景，中国赛艇运动的大幕同步缓缓拉开。

二、奥运赛场上的奖牌大户

（一）"夹带私货"的顾拜旦

1863年，被后人盛赞为"现代奥林匹克之父"的皮埃尔·德·顾拜旦（Pierre De Coubertin）出生于法国巴黎的一个贵族家庭，从小就展现出极高的体育天赋，十分热衷赛艇、击剑、马术、拳击等运动。青年时期的顾拜旦，在古希腊文化的不断熏陶下，在对英国教育和体育先进性的切身感悟下，以及在亲历古代奥运会遗址后的精神震撼下，复兴奥林匹克运动的想法愈加强烈，很快将之确定为自己毕生奋斗的事业。

1892年，顾拜旦在《复兴奥林匹克》的演讲中，首次正式提出了创办现代奥林匹克运动会的理念，并认为现代奥运会应像古代奥运会那样，以团结、和平、友谊为宗旨，但同时强调，要比古代奥运会有所发展和创新，要向所有国家、地区和民族开放，并在世界各地轮流举办。

1894年,在顾拜旦的奔走协调下,国际体育运动代表大会(也称"恢复奥林匹克运动会代表大会")于巴黎胜利召开。在这次载入史册的会议上,不仅通过了《奥林匹克宪章》,还组建了最早的国际奥林匹克委员会,并明确从1896年起每四年举办一届奥运会,首届会址定在希腊雅典。经过多次讨论,第1届现代奥林匹克运动会的比赛项目最终设置了田径、体操、自行车、射击、游泳、赛艇、击剑、网球、举重、摔跤10个大项(见表9)。百年之后,由于当时的文字记录已残缺不全,人们在谈及赛艇的入围时总不免打趣,尽管其本身的魅力不容置疑,但又是否能完全排除顾拜旦先生"夹带私货"的可能呢?

表9 1896年首届奥运会正式比赛项目

项目名称	小项数量
田径	12
体操	8
自行车	6
射击	5
游泳	4
击剑	3
网球	2
举重	2
摔跤	1
赛艇	被迫取消

(二)14 枚奥运金牌的由来

1. 奥运项目的变革与发展

尽管在顾拜旦的"关怀"下，赛艇顺利成为首届现代奥运会的正式比赛项目，却由于天气原因而被迫取消，直至 4 年后的巴黎奥运会才真正登上奥运舞台。初来乍到的赛艇比赛仅设 4 个男子小项，但一些关键性细则并未明确。1934 年，国际赛艇联合会首次规定比赛须在 2000 米的直航道上举行，水宽至少可容纳 3 条艇。

1976 年的蒙特利尔奥运会对赛艇运动发展具有里程碑意义，其不仅接纳了女子运动员，还为之一口气设置单人双桨、双人双桨、双人单桨无舵手、四人双桨、四人单桨有舵手和八人单桨有舵手 6 个公开级小项，并将男子公开级比赛扩增到 8 项，由此，单届奥运会的赛艇金牌数量攀升至史无前例的 14 枚，并保持至今。赛艇项目也凭借 42 枚奖牌的规模驶入奥运奖牌数量第二梯队——第一梯队包括田径和游泳两大项。1996 年，3 个轻量级新面孔进入奥运赛艇大家庭，替换了此前的男子公开级双人单桨有舵手、四人单桨有舵手和女子公开级四人单桨无舵手小项。为进一步促进性别平等，2020 年东京奥运会的赛艇比赛在 14 个小项设置上进行新一轮调整,首次实现了男女项目完全相同,即公开级的单人双桨、双人单桨、双人双桨、四人单桨、四人双桨、八人单桨有舵手和轻量级的双人双桨,如此设置也在2024年巴黎奥运会上得到延续。

表10 历届奥运会赛艇项目设置(1900—2024年)

届次	男子项目数量	男子项目设置	女子项目数量	女子项目设置
第2届 (1900年)	4	M1×、M2+、M4+、M8+	0	—
第3届 (1904年)	5	M1×、M2×、M2-、M4-、M8+	0	—
第4届 (1908年)	4	M1×、M2-、M4-、M8+	0	—
第5届 (1912年)	4	M1×、M4+、M4×、M8+	0	—
第7届 (1920年)	5	M1×、M2×、M2+、M4+、M8+	0	—
第8—20届 (1924—1972年)	7	M1×、M2×、M2+、M2-、M4-、M4+、M8+	0	—
第21—24届 (1976—1988年)	8	M1×、M2×、M2+、M2-、M4×、M4-、M4+、M8+	6	W1×、W2×、W2-、W4×、W4+、W8+

(续表)

届次	男子项目数量	男子项目设置	女子项目数量	女子项目设置
第25届（1992年）	8	M1×、M2×、M2+、M2-、M4×、M4-、M4+、M8+	6	W1×、W2×、W2-、W4×、W4-、W8+
第26—31届（1996—2016年）	8	M1×、M2×、M2-、LM2×、M4×、M4-、LM4-、M8+	6	W1×、W2×、W2-、LW2×、W4×、W8+
第32—33届（2020—2024年）	7	M1×、M2×、M2-、LM2×、M4×、M4-、M8+	7	W1×、W2×、W2-、LW2×、W4×、W4-、W8+

注：赛艇小项名称中，数字为桨手人数；M代表男子，W代表女子；L表示轻量级；+、-、×分别代表单桨有舵手、单桨无舵手、双桨。

2023年10月，国际奥委会宣布海岸赛艇中的沙滩冲刺赛将纳入2028年洛杉矶奥运会。这将是赛艇首次以两种不同的形式亮相。国际赛联主席让·克里斯托夫·罗兰表示，通过海岸赛艇这种刺激的形式，有望在全球范围内吸引新受众并推广该运动。

2. 历届奥运会金牌分布

回顾自1900年至今的29届奥运会赛艇比赛，德国以65枚金牌（男子44枚，女子21枚）的绝对优势高居榜首——接近紧随其后的美、英两国（各收获34枚金牌）金牌之和——且男子和女子金牌数量均列第一。不过，考虑到奥运会赛艇项目于1976年才允许女子选手参加，并同步将赛会金牌数固定为14枚，所以进一步观察1976年以来的13届奥运会的金牌版图，同时将男女表现进行细分研究，更具现实意义。

整体来看，从第21届蒙特利尔奥运会到第33届巴黎奥运会，赛艇项目共产生182枚金牌，德国、罗马尼亚、英国分别以45枚、22枚、20枚的战绩位居三甲，且三者之和近乎占到这一阶段金牌总量的半壁江山。

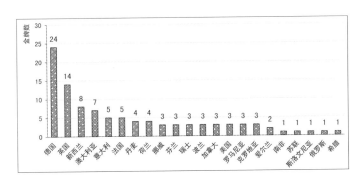

图5 第21—33届奥运会男子赛艇金牌榜

男子方面，102枚金牌分布于四大洲的22个国家（见

图5）。其中，德国和英国作为欧洲的老牌劲旅实力最为雄厚，分获24枚、14枚金牌，探花之位属于手握8金的新西兰，同属大洋洲的澳大利亚虽以1枚之差屈居第四，但仍等同于北美洲和非洲的整体表现——隶属于两洲的美、加和南非三国累计有7枚金牌入账。

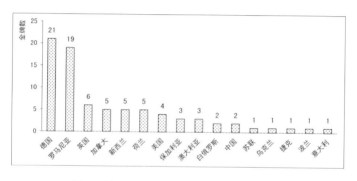

图6 第21—33届奥运会女子赛艇金牌榜

女子方面，尽管80枚金牌由16个国家分享（见图6），但德国和罗马尼亚两国的统御力极为突出，前者以21枚之巨拿走了约26%的金牌，后者19枚的数量占比也接近惊人的四分之一。此外，值得一提的是，中国女子赛艇队曾在第29届北京奥运会和第32届东京奥运会中两登最高领奖台，是唯一获得过金牌的亚洲战队，这也使中国不仅力压苏联、乌克兰、捷克、波兰和意大利，还顺利挺进金牌榜前十，与白俄罗斯并列第十。

专栏12　女子赛艇运动传奇——伊丽莎白塔·利帕

罗马尼亚女子赛艇运动员伊丽莎白塔·利帕（Elisabeta Lipa），在其职业生涯中共参加了6届奥运会且从未空手而归，以8枚奖牌（含5枚金牌）的数量保持着迄今获得最多奥运奖牌的女子赛艇运动员的世界纪录。

1984年洛杉矶奥运会上，19岁的利帕与搭档联手赢得女子双人双桨比赛的金牌，首次站上奥运会最高领奖台。四年后的汉城奥运会，她在同一小项中收获银牌，并拿到四人双桨比赛铜牌。1992年，利帕在单人双桨比赛中全程领先，喜提奥运第二金，同时再度将双人双桨银牌收入囊中。此后，转战女子八人单桨小项的利帕，接连折桂亚特兰大奥运会、悉尼奥运会和雅典奥运会，由此成为唯一一位在5届奥运会（1984、1992、1996、2000、2004）上获得5枚金牌的女子赛艇选手。2008年，利帕因其杰出的运动表现而获颁以国际赛联前主席托马斯·凯勒（Thomas Keller）

的名字命名的托马斯·凯勒奖，这是国际赛艇界最高荣誉（见专栏 13）。

雅典奥运会后，功成身退的利帕并没有远离赛艇运动，而是进入罗马尼亚体育部门从事管理工作，并取得了不错的成绩。2009 年，罗马尼亚赛艇协会选举利帕为主席，力图通过其在赛艇运动上的影响力和号召力扭转罗马尼亚赛艇成绩的颓势。2015—2017 年间，利帕还担任了罗马尼亚青年和体育部部长。在这些岗位上，她始终尽职尽责，尤其重视对青少年人才的挖掘与培养。为了找到具有运动天赋的好苗子，她坚持深入学校和社区，亲自参与选材，并与校长、家长充分沟通，鼓励赛艇协会、罗马尼亚奥林匹克体育委员会为选拔出的青少年提供尽可能多的针对性支持。在利帕的带领下，近几年的罗马尼亚赛艇青年人才辈出。2023 年欧洲 U23 锦标赛中，罗马尼亚队以 8 枚金牌的成绩占据金牌榜第一名，远远领先于第二名德国队的四金战绩。同年，凭借任职期间的出色表现，利帕被任命为罗马尼亚国家体育局（原青年和体育部）主席，为退役运动员转型提供了完美的学习标杆。

（三）莱茵河上的欧洲赛艇王国

莱茵河绵延约 1232 公里，是全球航运最繁忙和欧洲风景最优美的水道之一，亦有西欧国家"母亲河"的美誉。其发源于瑞士阿尔卑斯北麓的崇山峻岭，冰川与融雪先是在那里汇聚成涓涓细流，轻抚列支敦士登和奥地利的同时注入康斯坦茨湖，又气势磅礴地倾向巴塞尔谷地，而后折向北，奔腾于古老的孚日山脉和深邃的黑森林高地之间。在法德边界见证了历史上德意志与法兰西的恩恩怨怨和兴衰荣辱后，莱茵河变为德国内河，并从瓦赫宁根进入荷兰，在鹿特丹附近抵达终点北海。

莱茵河中下游区域多地势平坦，水流缓慢，加之为连接与多瑙河等水系而修建的大量人工运河，欧洲西部的水运网络可谓四通八达，不仅成就了沿岸的若干经济重镇，还为户外水上运动的开展提供了绝佳场所，孕育出多个赛艇王国。

1. 竞技强国——德国

蜿蜒千余公里的莱茵河，有三分之二位于德国境内，流域面积约占其国土的四成。从卡尔斯鲁厄、曼海姆、美因茨、法兰克福,到威斯巴登、科布伦茨、波恩、科隆,再到勒沃库森、杜塞尔多夫、杜伊斯堡等沿岸及支流城市,既富含浓郁的古典文化底蕴,又弥散着悠悠的现代精神气息,它们中有些是思想前哨、潮流之都,有些是商贸枢纽、工业基地,有些则是艺术中心、体育名城……但都被莱茵河巧夺天工地串联在一起,共同书写着德意志民族的历史荣光与今夕辉煌。也正是在以莱茵河为代表的丰富水域资源的哺育之下,赛艇长期稳居德国王牌运动项目序列,且历久弥新。

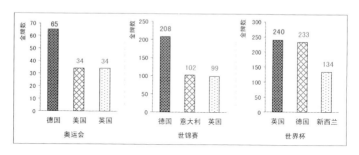

图7 奥运会、世锦赛与世界杯赛艇金牌榜前三甲

1836年,11位来自汉堡的商人在约翰·凯撒·戈德弗罗伊(Johann Caesar Godeffroy)的乡间小屋中见面时碰撞出建立赛艇俱乐部的火花。汉堡赛艇俱乐部(Der

Hamburger Ruder Club）随之诞生。1844年，德国首届正式赛艇比赛现身于外阿尔斯特湖（Outer Alster），对抗双方即为汉堡赛艇俱乐部队员与驻扎当地的英国赛艇运动员。1853年，德国赛艇俱乐部（Germania Ruder Club）呱呱坠地，依靠全新的划桨技术和非凡的训练体验一度成为当地最热门的体育俱乐部。1900年的巴黎奥运会上，代表德国出战的该俱乐部成员在男子四人单桨有舵手小项中力克强敌，斩获铜牌。1934年，胸怀未来的两家俱乐部掷出强强联合的终极大招，新俱乐部定名汉堡与日耳曼赛艇俱乐部（Der Hamburger und Germania Ruder Club）。若以1836年为起点，其已接近190岁高龄，是仅次于英国利安德俱乐部的地球村第二古老的赛艇俱乐部。

作为全球赛艇运动的龙头之一，德国还有一项让众多欧洲赛艇俱乐部痴迷向往的独特赛事，那就是全程42.8公里的莱茵河赛艇马拉松。这项赛事初创于1972年，起终点分别是勒沃库森和杜塞尔多夫。由于对沿途赛道不进行任何限制，比赛过程中，选手们不仅要经受体能耐力的持久考验，还得克服水流、航船、桥梁等多种沿途障碍，所以完赛非常不易。尽管如此，一年一度的莱茵河赛艇马拉松仍会吸引来自德国、英国、荷兰、瑞典、法国、爱尔兰等国家的数十乃至上百支队伍参与。参赛者中既有刚刚接触赛艇运动不久的入门级爱好者、投身其中多年的顶级发烧友,也不乏奥运战将、世界冠军。对他们来说,超过标准距离 20 倍有余的行程固然困难重重甚至可能险象环生,但恰恰是一段不可多得的磨砺心志、激发潜能、挑战极限的人生经历,既然有机会在一路披荆斩棘中亲自谱写永不言弃的奋进之曲,唱响极致专注的成长之歌,体悟携手共赢的和谐之声,那么,42.8 公里就虽远必克!

2. 赛事胜地 —— 瑞士

作为阿尔卑斯山的宠儿与莱茵河的源头,瑞士从重峦叠嶂的山脉和穿梭其间的冰川湖泊中获取了无尽宝藏,整个国家几乎就是一座巨型户外运动场,推广赛艇项目的条件更是得天独厚——国际赛艇联合会的总部设在瑞士,1924—2014 年间的 5 任主席均由瑞士人担任。当然,细数其国内众多殿堂级的赛艇城市,还是要首推卢塞恩——全球赛艇运动的"麦加之城"。

专栏 13　赛艇运动的最高荣誉——托马斯·凯勒奖

国际赛艇联合会的 5 任瑞士籍主席中，托马斯·凯勒（Thomas Keller）掌舵时间最长（1958—1989 年），且由于当选时年仅 34 岁，故也是历史上最年轻的国际单项体育组织负责人。1969—1986 年间，他还担任了国际单项体育联合会总会（General Association of International Sports Federations，GAISF）主席。此外，他也是化学工程师、实业家和公司董事，掌舵瑞士体育计时公司（Swiss Timing）达 17 年之久。

担任国际赛艇联合会主席期间，托马斯启动了诸多影响深远的改革。例如，于 1960 年罗马奥运会赛艇比赛中首次引入航道道次标记；于 1960 年代初推出国际赛联专属旗帜（图案由五支桨组成，代表奥运五环的五种颜色）；于 1970 年代，合并男子、女子欧洲锦标赛，举办世界赛艇锦标赛，设立轻量级赛艇锦标赛和 23 岁以下赛艇锦标赛。1988 年汉城奥运会后，托马斯自发向彼得-迈克尔·科尔贝（Peter-Michael Kolbe）和佩尔蒂·卡尔皮宁（Pertti Karppinen）颁发了荣誉勋章，以纪念两人自 1976 年蒙特利尔奥运会起持续十余年的竞争——赛艇运动历史上最伟大的竞争之———此行为为托马斯·凯勒奖的创设提供了灵感来源。

托马斯·凯勒奖由凯勒家族在1989年托马斯去世后发起，如今已是赛艇界的最高荣誉。该奖项主要表彰拥有长期且成功的赛艇生涯，或为赛艇运动做出杰出贡献并充分展现体育精神的赛艇人，原则上每年只能颁发一枚奖章。历届获奖者都由托马斯·凯勒奖评选委员会精心评选，委员会主席由托马斯·凯勒的儿子多米尼克·凯勒（Dominik Keller）担任。托马斯·凯勒奖自1990年首次颁发以来，共有来自15个国家的39位赛艇人获此殊荣（见表11），悉数各位获奖者，每个人的名字无不闪耀着传奇的光辉。只不过稍显遗憾的是，这项由瑞士人设立的奖项，至今还未有瑞士赛艇运动员获得。

表 11 历届托马斯·凯勒奖获得者

年份	获奖者	国籍	年份	获奖者	国籍
1990	Alf Hansen	挪威	2006	Agostino Abbagnale	意大利
1991	Thomas Greiner	德国	2007	Mike McKay	澳大利亚
1994	Yuri Pimenov	俄罗斯	2008	Elisabeta Lipa	罗马尼亚
1996	Rolf Thorsen	挪威	2009	Kathrin Boron	德国
1996	Nikolai Pimenov	俄罗斯	2010	James Tomkins	澳大利亚
1996	Francesco Esposito	意大利	2011	Jueri Jaanson	爱沙尼亚
1997	Thomas Lange	德国	2012	Vaclav Chalupa	捷克
1997	Jana Sorgers	德国	2013	Eskild Ebbesen	丹麦
1997	Carmine Abbagnale & Giuseppe Abbagnale	意大利	2014	Drew Ginn	澳大利亚
1998	Roland Baar	德国	2015	Iztok Cop	斯洛文尼亚
1998	Kerstin Koeppen	德国	2016	Caroline & Georgina Evers-Swindell	新西兰
1999	Silken Lauman	加拿大	2017	Katherine Grainger	英国
1999	Kathleen Heddle	加拿大	2018	Eric Murray & Hamish Bond	澳大利亚
2001	Steve Redgrave	英国	2019	Kim Brennan	澳大利亚
2002	Marnie McBean	加拿大	2021	Olaf Tufte	挪威
2003	Peter Antonie	澳大利亚	2022	Mahe Drysdale	新西兰
2004	Nico Rienks	荷兰	2023	Caryn Davies	美国
2005	Matthew Pinsent	英国	2024	Richard Schmidt	德国

从 1962 年世界赛艇锦标赛（男子）的首办，到 1974 年轻量级小项的入围和女子项目的登场，再到 1997 年赛艇世界杯的诞生，所有这些赛艇运动的标志性赛事无一例外都由卢塞恩担纲，在其北郊的罗特湖（Rotsee）上举行。罗特湖全长 2.5 公里，绝大部分水面既宽且直，加之地处自然保护区中，湖面被连绵起伏的丘陵所环绕，能免受侧风的影响，水流变化很是微弱，可谓浑然天成的赛艇赛事场地，被各国赛艇爱好者公认为"众湖之神"。

成立于 1881 年的卢塞恩赛艇俱乐部（SeeClub Lucerne）便近水楼台先得月，充分利用罗特湖开展培训，逐渐发展成为如今全国规模最大的赛艇俱乐部，不仅让众多不同年龄段的瑞士民众爱上赛艇运动，还培养了弗雷迪·巴克曼（Fredy Bachmann）、安德烈·莫坎德（Andre Moccand）等多位奥运奖牌获得者。作为其中的代表，男子轻量级四人单桨无舵手小项选手马里奥·吉尔（Mario Gyr）先是于 2015 年荣膺世界冠军头衔，随后就在 2016 年站上了里约奥运会最高领奖台。

截至 2024 年，赛艇世界杯 82 场分站赛中的 25 场均"落户"罗特湖，且基本都被安排为每年三站中的收官之站（见图 8），足见其在全球一众赛艇场地中的卓越地位。

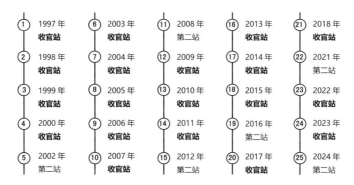

图 8　赛艇世界杯落户罗特湖情况（1997—2024 年）

3. "海上马车夫"的赛艇文化 —— 荷兰

作为欧洲海拔最低的国家，荷兰约一半的国土低于或持平于海平面。为此，荷兰先民不得不挖掘运河、围海造陆，持续与海洋斗智斗勇，这使得其在 16 世纪便拥有欧洲最发达的水上交通网络，并于 17 世纪成为全球头号商贸强国，被称为"海上马车夫"。密布的河道成就了荷兰经济的繁荣，也为水上项目的开展创造了良好环境，赛艇运动因此格外受荷兰人喜爱，而学生赛事活动的频繁举办更凸显了其赛艇文化之浓厚。

提到荷兰的学生赛艇活动，最具影响力的无疑是名为"Varsity"的赛艇比赛。一般认为，1878 年，来自莱顿的尼约德俱乐部（K.S.R.V. Njord）以牛津剑桥赛艇对抗赛类似的方式挑战了代尔夫特的拉加俱乐部（D.S.R.V. Laga），标志着"Varsity"的诞生。后随着各地越来越多学生俱乐部的加入，这项赛事逐渐发展壮大。不过，因为始终保持着四人单桨有舵手的 3 公里比赛传统，"Varsity"也被荷兰学生亲切地唤作"老四人"（de Oude Vier）。"de Oude Vier"还有一个经典保留环节，那就是赛后选手们集体脱掉衣服跳入水中进行庆祝，代表着"入水、归零、上岸、再出发、再训练、再征战"。

截至 2024 年，"Varsity"已举办 140 届。其中，成立于 1885 年的海神俱乐部（Nereus），也是如今荷兰规模最大的学生赛艇协会之一，曾 45 次夺得冠军。不过，这家坐落于阿姆斯特丹辛格尔运河边的俱乐部的最非凡成就则是已累计为荷兰赛艇队输送了逾百位奥运健儿，其在荷兰国内的地位堪比利安德俱乐部之于英国。早在赛艇项目正式登陆奥运赛场的 1900 年，海神俱乐部就为荷兰拿到宝贵的开山奖牌，在随后的日子里几乎从未缺席四年一度的奥运赛艇比赛，并包揽了自 1996 年亚特兰大奥运会至 2020 年东京奥运会中荷兰队获得的所有赛艇金牌。2024 年巴黎奥运会上，荷兰队 8 枚奖牌中的大半也是由海神人贡献，且

3金2银的成绩较英国之外的任何国家赛艇队都要出色。百年来,从赫曼努斯·布罗克曼(Hermanus Brockmann)到迪德里克·西蒙(Diederik Simon)再到卡罗琳·弗洛林(Karolien Florijn),正是一代代海神运动员捍卫了荷兰在奥运赛艇竞技场上的尊严。

专栏 14 冉冉升起的海神新星与她的前辈们

  2020年东京奥运会开幕前,23岁的卡罗琳·弗洛林就已是荷兰国内炙手可热的赛艇新星。头顶2021年欧锦赛和两站世界杯冠军的光环,卡罗琳与队友在日本海之森水上竞技场大杀四方,最终斩获女子四人单桨无舵手小项银牌——仅比澳大利亚队慢了0.34秒。

  首次参加奥运会就站上领奖台的卡罗琳并未被胜利冲昏头脑,而是在经过对自身条件进行新一轮客观评估后毫不犹豫地转战到单人双桨赛事中。事实证明,这一选择正确无比,其不仅在2022、2023年拿到2届欧锦赛和3站世界杯冠军,更牢牢占据2届世锦赛的头名位置,并因极其出色的表现于2024年初获颁荷兰金桨奖——该奖始于

1892年，历史上仅有7位单人双桨运动员获此殊荣。同年的巴黎奥运会上，卡罗琳更进一步，如愿站上单人双桨小项的最高领奖台。

作为海神俱乐部的新生代领军人物，卡罗琳·弗洛林出生于赛艇世家，其家族迄今已摘得4枚璀璨的奥运金牌：在她于巴黎奥运会夺冠的3天前，弟弟芬恩·弗洛林（Finn Florijn）刚刚斩获男子四人双桨小项金牌；父亲罗纳德·弗洛林（Ronald Florijn）更手握1988年双人双桨和1996年八人单桨有舵手比赛的2枚奥运金牌。尤为需要指出的是，罗纳德在双人双桨小项中夺冠的队友正是荷兰历史上唯一一位获得托马斯·凯勒奖的功勋选手尼克·林克斯（Nico Rienks）；而拔得八人单桨有舵手头筹的组合中，除了林克斯外，还有大名鼎鼎的迪德里克·西蒙（Diederik Simon）。西蒙参加了从1996—2012年的5届奥运会，并都闯入决赛圈，退役后便直接选择回到海神俱乐部担任教练，将一身技能倾囊相授，与卡罗琳·弗洛林等年轻人亦师亦友，共同延续了海神在荷兰赛艇界的荣光。

....

值得一提的是，赛艇运动还深得荷兰王室成员青睐，也是前女王贝娅特丽克丝·威廉明娜·阿姆加德（Beatrix Wilhelmina Armgard）的爱好之一。女王在莱顿大学求学期间，就是当地德弗利特女子赛艇俱乐部（De Vliet）的会员，常在空闲时间与三五好友挥桨竞速。1974年，在她的帮助下，这家俱乐部与阿索波斯俱乐部（Asopos）合并，如今已成长为荷兰最大的赛艇俱乐部之一。继承王位后，尽管国务繁忙，但贝娅特丽克丝女王还在处理政务之余保持了赛艇运动的习惯，不少年轻人也在她的影响下投入到这个项目中来。

三、美利坚的百年学府赛艇版图

(一) 哈佛校长和他的深红队

1636年,美国历史上第一所高等教育机构在马萨诸塞州的查尔斯河畔破土动工。两年后,毕业于英国剑桥大学并定居查尔斯河附近的年轻牧师约翰·哈佛(John Harvard)在生命即将走到终点之际做出一个重要决定——将400本藏书和一半财产(接近建校启动资金的两倍)捐赠给这所在建学府,后者遂于1639年更名为哈佛学院(Harvard College)。经过百余载的积淀,1780年,哈佛学院正式改称哈佛大学(Harvard University)。如今,已超过380年历史的哈佛不仅是美利坚最古老的大学,也被公认为全球名校中的最顶尖学府。

回顾哈佛大学乃至美国高等教育的世纪历程,体育都占据非常重要的位置。有意思的是,全美大学间的第一场校际比赛恰与哈佛相关,竞技项目则正是赛艇(见专栏15)。

专栏 15　哈佛耶鲁赛艇争霸赛

哈佛大学和耶鲁大学的赛艇争霸赛是美国历史最悠久的高校体育赛事。

1852 年，耶鲁以"测试一下两个学校的桨手谁更厉害"的名义向哈佛发出挑战，耶鲁的詹姆斯·惠顿（James Whiton）和哈佛的约瑟夫·曼斯菲尔德·布朗（Joseph Mansfield Brown）是这场竞赛的主要促成者。双方在温尼珀索基湖（Lake Winnipesaukee）平静的水面上进行了 2 英里的八人赛艇对决，虽然耶鲁大学派出 2 支战队，但哈佛大学最终仍以约 2 个艇身的优势拿下首次较量的胜利。这场历史性比赛的奖品是一对镶着银边的黑核桃木桨，颁奖嘉宾贵为不久后即入主白宫的美国第 14 任总统富兰克林·皮尔斯（Franklin Pierce）。自 1959 年起，除了战争和新冠疫情让年轻人奔赴前线或居家隔离外，这项比赛便再未间断。

目前，哈佛耶鲁赛艇争霸赛主要设 3 个项目：2 英里的新伦敦杯、3 英里的瓦伦丁·查佩尔杯和 4 英里的塞克斯顿杯。截至 2024 年，塞克斯顿杯中，哈佛大学赛艇队以

96∶60 的成绩领先于耶鲁；瓦伦丁·查佩尔杯和新伦敦杯中，哈佛也都更胜一筹，分别以 77∶42、76∶42 力压耶鲁大学赛艇队。

....

赛艇是哈佛大学最早的有组织开展的运动项目之一，悠久的赛训传统和浓郁的文化氛围不仅孕育出众多风靡校园的赛艇健儿，还为美国队叱咤奥运赛场和纵横世锦赛、世界杯提供了重要的人才支撑。例如，2023 年托马斯·凯勒奖的获得者就是本科毕业于哈佛大学的卡琳·戴维斯（Caryn Davies）。1982 年出生的戴维斯参加了雅典、北京、伦敦 3 届奥运会的八人单桨有舵手比赛，以 2 金 1 银的战绩成为美国历史上首位连续 3 次站上奥运领奖台的女子赛艇运动员，并在 2002、2003、2006、2007 年四摘赛艇世锦赛金牌，即便以 37 岁高龄最后一次征战 2019 年世锦赛时仍然轻松闯进决赛圈。事实上，纵览哈佛大学赛艇史，除了历代优秀的学生运动员，值得铭记的还有传奇校长查尔斯·威廉·艾略特（Charles William Eliot）。

艾略特出生于哈佛世家，祖父塞缪尔·艾略特（Samuel Eliot）曾出资在哈佛大学设立了希腊文的教授席位，父亲塞缪尔·阿特金斯·艾略特（Samuel Atkins Eliot）曾任哈佛大学财务长，包括哈佛大学安德鲁·诺顿教授（Andrews Norton）、乔治·迪纳克教授（George Ticknor）、弗朗西斯·格林伍德·皮博迪教授（Francis Greenwood Peabody）以及毕业于哈佛的诺贝尔文学奖得主托马斯·史登斯·艾略特（Thomas Stearns Eliot）等都与之沾亲带故。

1849年，年仅15岁的艾略特进入哈佛学习，随后一生的大部分时间都在这里度过。1858年，查尔斯河上进行了一场史诗级赛艇比赛，作为三号位桨手的艾略特在赛后给未婚妻的信中如此写道："好！真好！！太棒了！！！我们出色地击败了所有对手，并且创造了划完全程的最快纪录，用时19分22秒！""艾伦，这里场面绝对壮观——所有观众都在为我们助威，而且观众真的很多！"事实上，将比赛定位为"史诗级"的主要原因，不只是艾略特所在的哈佛赛艇队力压对手收获冠军，更重要的是，在赛前，艾略特让每个队员将深红色丝巾缠到头上，以此作为和其他队区别的标志，而这正是深红色作为哈佛标志色的源头。

1869年，35岁的艾略特被校董事会推选为哈佛大学第21任校长，随即便启动了对哈佛以及美国教育界乃至整个人类教育进步产生深远影响的系列改革，如主张自然科学与人文科学并重,改造专业学院,推出选修制,提高入学标准,开展研究生教育,倡导学术自由,等等。在他的带领下,哈佛大学真正从偏安一隅的传统学府跃升为全国一流高校,并为日后晋级全球顶尖名校奠定了坚实基础。至1909年卸任时,艾略特不仅创造了哈佛大学校长任期的纪录——执掌校印40年——也被公认为是哈佛历史上最杰出、最传奇、最具影响的校长,没有之一。知名学者威廉·艾伦·尼尔森(William Allan Neilson)毫不吝啬对这位开启哈佛时代的伟大校长的溢美之词:在美国,没有哪位教育家、大学校长或教授、教师或助教没有受到艾略特的影响,每一本教科书都按照他的标准修订,每一位学生都能感知他的温度。托马斯·伍德罗·威尔逊(Thomas Woodrow Wilson)总统认为"艾略特对美国教育体系的理解之深无人可比",西奥多·罗斯福(Theodore Roosevelt)总统则称他为"美国第一公民"。

作为哈佛"掌门人"和美国现代高等教育体系的"奠基人",艾略特一向也是大学体育运动的积极倡导者。在他担任校长的第二年,即1870年,哈佛大学就携手布朗大学、鲍登学院和马萨诸塞农学院共同建立了美国大学赛艇协会(Rowing Association of American Colleges,RAAC),这可是货真价实的美国历史上最早的校际体育协会。

在哈佛大学掀起的赛艇浪潮引领下，到20世纪初，凡是有条件的美国高校几乎都建立了自己的赛艇俱乐部，校内外赛艇比赛风起云涌，也是差不多自彼时起，那些高中阶段的赛艇高手开始成为各大名校"争抢"的香饽饽。哈佛大学的招生官更曾明确表示："如果一个申请人能在赛艇上取得成就，那么我们倾向于认为，在这项运动中所获得的品质将会帮助他在学术和人生的其他方面获得成功。"毋庸置疑，赛艇，已经成功驶入美国高等教育界。

（二）百年名校的赛艇队伍

20世纪前五分之一的时间，哈佛大学、耶鲁大学、普林斯顿大学、哥伦比亚大学等东部高校无可争议地统领着全美赛艇圈，后随着以华盛顿大学赛艇队、斯坦福大学赛艇队为代表的西部力量日渐崛起，东西海岸的较量愈加精彩。

目前，传统强校依旧实力强劲。根据美国大学运动员招募协会（National Collegiate Scouting Association，NCSA）2023CMAX排名显示（见表12），男子赛艇队伍中，斯坦福大学、普林斯顿大学、哈佛大学、耶鲁大学、哥伦比亚大学、华盛顿大学等均位列前十。而女队方面，斯坦福、普林斯顿、哈佛也都排名领先。

表12　NCSA 2023CMAX赛艇项目排名

排名	男子	女子
1	斯坦福大学	斯坦福大学
2	普林斯顿大学	加州大学洛杉矶分校
3	加州大学伯克利分校	密歇根大学
4	哈佛大学	北卡罗来纳大学
5	耶鲁大学	普林斯顿大学
6	宾夕法尼亚大学	哈佛大学
7	哥伦比亚大学	杜克大学
8	威斯康星大学	加州大学伯克利分校
9	乔治城大学	俄亥俄州立大学
10	华盛顿大学	德克萨斯大学奥斯汀分校

1. 斯坦福大学赛艇队

赛艇是斯坦福大学建校后最早发展起来的极具活力的运动项目之一。1905年，即学校创立的第20个年头，用于赛艇训练的船屋顺利落成。同年，在加州大学、华盛顿大学和康奈尔大学的捐赠帮助下，斯坦福大学赛艇队正式诞生，并于7年后，成为首支闯入校际赛艇协会（The

Intercollegiate Rowing Association，IRA）组织的全国锦标赛的西部校队。

百余年来，尽管不断有新的项目竞技队伍涌现，但赛艇队始终是斯坦福大学的绝对王牌。2010—2019年期间，斯坦福女子轻量级赛艇队以10届全美校际赛艇锦标赛（the IRA National Championships）9次冠军的成绩制霸美利坚。在NCSA 2023CMAX的排行榜上，斯坦福男子赛艇队和女子赛艇队双双位列全美第一。其中，女队还在全国大学体育协会（National Collegiate Athletic Association，NCAA）赛艇锦标赛的短暂办赛历史中，于2009、2023年斩获2座冠军奖杯。

事实上，自1960年代以来，已有超过50位斯坦福人代表美国或其他国家参加世界级赛艇比赛，其中，登上奥运赛场的就接近30人，累计获得十余枚奥运奖牌。在一众奥运健儿里，最值得称赞的非艾丽·洛根（Elle Logan）莫属。这位1987年底出生于美国缅因州的女孩，从小就展现出惊人的体育天赋，并从中学阶段起保持了对赛艇运动的高度专注，进入斯坦福大学后便一直是女队的绝对主力。在校期间，洛根很好地平衡了学业与训练，以学生运动员的身份站上了2008年北京奥运会八人单桨有舵手小项的最高领奖台,翌年即为斯坦福贡献了史上第一座NCAA赛艇冠军奖杯。基于其出色的个人和团队表现,洛根携手艾琳·卡法罗(Erin Cafaro)、林赛·肖普(Lindsay Shoop)、安娜·古德尔(Anna Goodale)、安娜·卡明斯(Anna Cummins)、祖萨娜·弗朗西亚(Zsuzsanna Francia)、卡罗琳·林德(Caroline Lind)、卡琳·戴维斯和玛丽·惠普尔(Mary Whipple),以八人单桨有舵手组合的形式入选美国国家赛艇名人堂(National Rowing Hall of Fame,NRHOF),并荣膺2008年世界最佳女子赛艇运动员称号。2012年伦敦奥运会和2016年里约奥运会上,洛根又与不同队友一起克服重重困难,接连收获2枚金牌,不仅成就了美国女子赛艇历史上的首个奥运三连冠,还晋级为迄今为止唯一一位手握奥运三金的美国女子赛艇运动员。

2. 常春藤联盟赛艇队

在全球高等教育界,常春藤联盟(Ivy League)的名号如雷贯耳。这个由哈佛大学、耶鲁大学、宾夕法尼亚大学、普林斯顿大学、哥伦比亚大学、布朗大学、达特茅斯学院和康奈尔大学组成的校际联盟,几乎囊括了美国东北部地区的顶尖高校。

尽管因为每所"藤校"都声望卓著,"常春藤"日渐成为美国名校的代称,但追本溯源,它其实是一个标准的体育联盟。时至今日,联盟内部的体育比赛仍然精彩依旧,所有联盟成员也均是典型的体育强校,且多数都在赛艇运动方面极具竞争力。根据 NCSA 2023CMAX 排名显示,常春藤联盟中的 5 所大学都有赛艇校队位列前十。

(1)耶鲁大学赛艇队

虽然比哈佛大学建校晚了足足 65 年,耶鲁赛艇队却早于哈佛赛艇队一年成立,是当之无愧的美国高校赛艇运动鼻祖。由耶鲁发起的始于 1852 的哈佛耶鲁争霸赛更是开全美校际体育比赛之先河,并成就了一段延续百余年的赛艇佳话。

回顾赛艇运动正式走进奥运赛场前的历载争霸赛,尽管年年皆精彩、届届有故事,不过,足以载入史册且为后代耶鲁人津津乐道的,还要首推中国学生钟文耀担任舵手的 1880、1881 年的耶鲁两连胜。作为晚清留美幼童中的一员,钟文耀于 1879 年考入耶鲁大学,并迅速成为学校赛艇队的指挥官——八人艇舵手。凭借事先对水流和风力的精准计算,他率领的耶鲁八人赛艇队在与深红队的较量中所向披靡。多年后,作为驻美外交官的钟文耀在一次鸡尾酒会上的聊天中,很随意地提到自己曾做过耶鲁队的舵手。

身旁的男士立刻用怀疑的眼光上下打量穿着优雅的钟文耀，并自我介绍是哈佛毕业生，同时疑惑地问，你真的见过哈佛赛艇队吗？钟文耀平静地转向这个人，颇有风度地表示，自己确实没见过，稍作停顿，接着说，因为他们总是在我们的后面。

专栏 16　文体双优的"留美幼童"

1872—1875 年，晚清政府采纳"中国留学生之父"容闳的建议，先后分 4 批派出 120 名学生，远涉重洋，赴美学习。由于这些学生走出国门时多在 12 岁左右，因此也被称为"留美幼童"。

可惜的是，这个原本极有可能为缩小中西差距、抵御列强侵略贡献良多的近代第一个官派留学计划，最终在保守派的强烈反对下，于第十个年头（1881 年）全面终止，所有留学生被要求强制回国。此时，除第一批留美幼童中的詹天佑（后任京张铁路总工程师）、欧阳庚（后任中国驻美国旧金山副总领事）以神速刚刚完成本科学业外，其他人均为大学甚至中学在读。其中，约 60 人分布在美国东北部高校，以耶鲁大学为最（超过20人），包括哈佛大学、麻省理工学院、哥伦比亚大学等顶尖院校中都能见到这批中国最早留学生的身影。

尽管绝大多数"留美幼童"没能在当时拿到学位，但将近十年的留美生涯还是让他们真正做到了"开眼看世界"——受教于美国一流学府、见证电话和留声机的诞生、与大文豪马克·吐温（Mark Twain）做朋友、受到美国总统尤里西斯·辛普森·格兰特（Ulysses Simpson Grant）的接见，不少人在日后都成为时代舞台上的风云人物。例如，中华民国第一任总理唐绍仪，晚清外务大臣和欧美同学会首任会长梁敦彦，北洋大学（天津大学前身）主要创始人、校长蔡绍基，清华学校（清华大学前身）校长、教育家唐国安，东亚银行主要创始人、主席周寿臣，等等。需要特别指出的是，这些"留美幼童"在美期间，十分重视文体全面发展，不仅学习成绩碾压美国同窗，在棒球、橄榄球、冰球、赛艇等运动项目上也多属于超级明星。其中，由陈钜镛、李桂攀、梁敦彦、邝咏钟、蔡绍基、钟俊成、吴仲贤、詹天佑、黄开甲组成的取名"东方人队"的棒球队，几乎未尝败绩。美国高校第一位中国赛艇舵手钟文耀更是名垂耶鲁！

1900年赛艇入奥后，拥有出色竞技水平的耶鲁大学赛艇队先后于1924、1956年代表美国出战巴黎奥运会、墨尔本奥运会，均斩获男子八人单桨有舵手小项金牌。21世纪的第二个十年收尾之际，耶鲁队又创造了2017、2018、2019年连续3年蝉联全美校际赛艇锦标赛校队挑战杯（Varsity Challenge Cup）冠军的卓越战绩。三冠王功臣查理·埃尔维斯（Charlie Elwes）在2019年夺冠后说道："在我加入队伍的4年时间里，我们获得了3个全国冠军，这真的很棒。而当看到我们所有的队员都戴着奖牌时，这感觉就更特别了。"（耶鲁大学派出的3支赛艇队在2019年3个组别的较量中都拿到奖牌。）值得一提的是，埃尔维斯随后还代表英国八人队取得了2021—2023年3届欧锦赛和2022、2023年2届世锦赛的全胜战绩，并在2020年东京奥运会上与队友搭档摘得男子八人单桨有舵手铜牌，而力压英国队夺冠的新西兰赛艇队，恰由埃尔维斯在耶鲁大学的正牌师弟丹尼尔·威廉姆森（Daniel Williamson）领衔。如果进一步统计，东京海之森水上竞技场中其实共有11位耶鲁在校生和毕业生代表不同国家同台比拼，传统赛艇名校实力可见一斑。

谈到耶鲁赛艇人过去几年的辉煌，就不得不提传奇教练史蒂夫·格莱斯顿（Steve Gladstone）。这位曾在普林斯顿大学、哈佛大学、布朗大学和加州大学伯克利分校等多所东西海岸赛艇名门及美国国家赛艇队执教的王者级人物于 2010 年入职后，很快便帮助耶鲁开启了金牌和奖杯拿到手软的黄金周期。凭借执教期间的优异表现，格莱斯顿在 2015、2016、2018、2019 和 2023 年被评为常春藤联盟年度最佳教练，并在 2022 年哈佛耶鲁争霸赛中成功实现完胜 3 组比赛的新世纪最好成绩后不久，选择从耶鲁退休。对他而言，13 年耶鲁执教的最满意结局，就是让这支历经 180 载春秋的老牌劲旅坐稳了美国高校赛艇圈的第一阵营。

（2）哥伦比亚大学赛艇队

早在 19 世纪下半叶，哥伦比亚大学赛艇队就凭借 1878 年亨利皇家赛艇大赛中的神勇表现——捧得一座含金量超高的冠军奖杯（亨利皇家赛艇大赛历史上第一支获胜的非英国本土队伍）——为欧洲诸多老牌赛艇俱乐部所熟悉，而此时距离其成立刚刚过去 5 年。1962 年，为表彰这支男子公开级四人无舵手组合的辉煌战绩，其被整建制请进美国国家赛艇名人堂，而且，区别于其他所有进入名人堂的队伍或个人的入选理由——金牌 / 银牌得主——埃德温·赛琪（Edwin Sage）、赛勒斯·爱德森（Cyrus Edson）、亨利·瑞达博克（Henry Ridabock）、贾斯珀·古德温（Jasper Goodwin）的入选原因是"第一个冠军"。1974年，哥大赛艇队再次创造历史，男子公开级八人单桨有舵手队伍集体（8位桨手+舵手+教练）入选名人堂，理由为1929年全美校际赛艇锦标赛金牌获得者。在此之后，仅有2支高校赛艇队以相同赛事冠军身份进入，即1939年的冠军加州大学伯克利分校队和1953年的冠军海军学院队。

专栏17 国家赛艇名人堂

美国国家赛艇名人堂于1956年启动运行，旨在褒奖那些于国际舞台上表现出色、成绩卓越的赛艇运动员和教练员，并以此来激励新人和吸引更多赛艇爱好者，同时通过收藏珍贵赛艇档案和纪念品，来记录美国赛艇历史、宣传赛艇成就。

自1975年起，名人堂一直由国家赛艇基金会（National Rowing Foundation，NRF）进行管理。创办后者的想法产生于第1届世界赛艇锦标赛上，当时5位美国赛艇人在卢塞恩首次讨论了成立一个实体组织来支持赛艇运动员发展的可能性,并在1966年正式创立了国家赛艇基金会。

尽管入围的标准非常严格,且需经过国家赛艇基金会名人堂委员会的系列审查,但包括哈佛、耶鲁、宾夕法尼亚、哥伦比亚、康奈尔等常春藤高校赛艇队和西海岸的加州大学赛艇队、华盛顿大学赛艇队等都曾整建制入选过国家赛艇名人堂。2021年底就任哥伦比亚大学赛艇总监的汤姆·特哈尔(Tom Terhaar)则是为数不多的入选名人堂的功勋教练。

......

眼见男子公开级赛艇队在国内外比赛中大杀四方,哥伦比亚大学男子轻量级赛艇队终在2016年将此前的奖牌换了个颜色,问鼎全国冠军,而年轻的女子赛艇队也在不久之后盼来了美国史上最强女队教练汤姆·特哈尔。称之为最强,一是指执教时间无人能及,从2001年担任美国女子赛艇队主教练到2021年卸任,特哈尔掌舵国家队超过20年;二是指执教成绩无与伦比,其率领赛艇女将纵横雅典、北京、伦敦、里约、东京5届奥运会,狂揽3金3银1铜,要知道,自1976年女子赛艇项目入奥以来,美国女队一共才获得4枚金牌。即便放眼全球,2006—2016年八人单桨有舵手比赛的 11 连胜纪录（8 届世锦赛冠军 +3 届奥运会冠军），也足以让特哈尔傲视群雄。

考虑到回归哥大的新身份是赛艇总监（称其为"回归"，是因为其在 1990 时代后期就曾服务于哥伦比亚大学赛艇队），即除了聚焦女队外，特哈尔还会同时兼顾 2 支男队，老牌藤校新一轮赛艇辉煌征途的大幕已然徐徐拉开。

（3）普林斯顿大学赛艇队

创建于 1746 年的普林斯顿大学是美国常春藤盟校中小而精的代表，同时也是公认的体育强校。截至 2023 年底，共有 137 位普林斯顿人登上过奥运赛场，累计获得 224 个全美冠军和 529 个常春藤联盟冠军。在 NCSA 2023CMAX 排名中，普林斯顿大学男女赛艇队均位列前五，且当年全美校际赛艇锦标赛的男女轻量级冠军也是双双花落普林斯顿。若从历届锦标赛的表现看，普林斯顿男子轻量级队曾 6 次问鼎，仅略逊于哈佛大学和康奈尔大学赛艇队；女子轻量级赛艇队则凭借 9 次冠军头衔与斯坦福大学赛艇队并列第一（见图 9）。

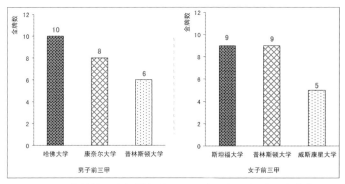

图 9 全美校际赛艇锦标赛男子、女子轻量级（八人赛）
校队金牌榜前三甲（截至 2024 年）

21 世纪以来，美国赛艇队一共拿到 5 枚奥运金牌，其中 4 枚都有普林斯顿人的贡献。2004 年雅典奥运会上，头顶世锦赛四冠王光环的普林斯顿大学毕业生克瑞斯·阿伦斯（Chris Ahrens）与队友合作，力克群敌，为美国队拿下了阔别 40 年之久的男子八人单桨有舵手冠军。随后的 2008 年北京奥运会和 2012 年伦敦奥运会中，普林斯顿实力战将卡罗琳·林德——其职业生涯中共夺得 6 枚世锦赛金牌——则为美国女子八人单桨有舵手战队蝉联冠军立下不朽功勋。

2024 年巴黎奥运会上，4 位身披美利坚队服的普林斯顿大学校友尼克·米德（Nick Mead）、克莱尔·柯林斯

（Claire Collins）、艾米丽·卡尔菲尔茨（Emily Kallfelz）与凯尔希·瑞莱克（Kelsey Reelick）携手多位"藤校"队友，纵横于法兰西岛的韦尔水上运动中心，再次向世人展现了常春藤联盟赛艇队的过硬实力。其中，问鼎男子四人单桨无舵手小项金牌的尼克·米德还被选为闭幕式旗手，这也是史上首位在奥运会闭幕式中担纲美国体育代表团旗手的赛艇运动员。

3. 华盛顿大学赛艇队

1861年创建的华盛顿大学是美国西海岸最古老的高等学府之一。得益于所在城市西雅图的滨水资源，华盛顿大学赛艇队在过去一百年里人才辈出、屡创佳绩，不仅于整个西海岸声誉卓著，即使与藤校翘楚对抗也丝毫不落下风，并为美国赛艇的辉煌立下不世之功。

从1923年西部牛仔打破垄断威震东海岸——首夺全美校际赛艇锦标赛冠军，到1936年"激流男孩"为国出征名扬德意志（见专栏18）——摘得柏林奥运会金牌；从一代大师鬼斧神工铸传奇（见专栏19），到两位舵手接续奋斗创伟业……华盛顿大学赛艇人的成长史堪称一部惊心动魄、感人至深的长篇励志小说。

专栏 18 西雅图之光——"激流男孩"名扬德意志

1933年是美国经济大萧条的第四年。全美每四个工作人口中就有一个失业,在这大约1000万失业大军里,只有25%的人能领到些许救济金。四年来,工业产量已萎缩了一半。至少有100万人无家可归,流浪街头或者流落到像西雅图胡佛村这样的大型贫民区。在多数的美国市镇,银行都关了门,不少美国家庭的存款也随之消失。在那个时候,没人知道萧条的日子何时结束。但体育领域诞生的黑马故事无疑给艰难度日的人们带去了直面苦难、笑对生活的勇气。

1933年11月末,华盛顿大学两组新生赛艇队名单正式出炉。在西雅图这个普通的午后,成功进入新生队一组的乔伊·瑞兹(Joe Rantz)、罗格·莫瑞斯(Roger Morris)、乔治·杭特(George Hunt)等人还不曾想到,一场历时33个月的奥运夺冠征途已悄然开启。

当然,问鼎之路无疑艰苦卓绝,毕竟新生队的大部分人在1933年入学时都属赛艇"小白"。不过,他们的教练汤姆·伯尔斯(Tom Bolles)坚信,这是一支潜力无穷的团队:与东海岸赛艇健儿的精英气息不同,这群少年粗犷、乐观，好像是他们生命源头西部文化的象征。他们多出自伐木小镇、矿工场、奶农户以及渔船人家，从走路的模样、说话的方式，看得出来其大部分时光是在户外度过的。尽管时局艰难，但他们开朗热情，能够在困顿中看到机会，同时深知天上不会掉馅饼，只有分外努力才会有所收获！最重要的是，仅仅几个月的训练，他们就掌握了赛艇运动的至高法则——为了整艘艇，放下小我！

1934年4月，新生队小试牛刀，在华盛顿湖力压加州队（加州大学伯克利分校新生队）称霸西部，熬过了2个月过山车式的状态反复期后，又以绝对优势大败东部各支精英战队，成为当年的全国新生冠军。

新生队的出色表现让执掌华大校队和高年级队的教练阿尔文·尤伯瑞克森（Alvin Ulbrickson）既震惊又兴奋，经过几个月的亲自调教，尽管队员们的状态时好时坏，尤伯瑞克森还是做出了一个惊人决定：把二年级队（1933年入学的这批新生此时已进入大二）直接整体晋升为校队——开华盛顿大学赛艇校队选拔先河。

1935年4月的太平洋赛艇赛中，又一届的新生队以3艇距离再胜加州队，因尤伯瑞克森的操作而憋了一肚子闷气的高年级队（也即第二校队）则化悲愤为力量，以领先

8艇的巨大优势率先冲过终点,乔伊·瑞兹所在的年轻的校队也以微弱优势拿到冠军。尽管"哈士奇大获全胜",老练的尤伯瑞克森还是感到了火箭般蹿升为校队的二年级组合存在的隐患,而第二校队里的鲍伯·莫赫(Bob Moch)、吉姆·麦克米林(Jim McMillin)、畅克·戴(Chuck Day)则给他留下了深刻印象。另外值得欣慰的是,他在新生队中也发现了3名高手——多恩·休姆(Don Hume)、戈登·亚当(Gordon Adam)、约翰·怀特(John White)。

1935年6月,全美校际赛艇锦标赛开赛前,由于校队在训练中屡次败给高年级队,尤伯瑞克森无奈把校队降级为第二校队,高年级队取而代之。但比赛结果却让其哭笑不得,第二校队突然在波启浦夕的哈德逊河上找回了之前的感觉,以领先第二名2艇的距离从容夺冠,而校队则不敌于加州队和康奈尔队,唯一保持不败的仍是伯尔斯负责的新生队——事实上,从19世纪末至今的总成绩来看,华盛顿大学新生赛艇队也是以30次冠军的显赫战绩位列全美第一。

1935年的下半年,究竟如何组建一支完美校队的问题始终困扰着尤伯瑞克森,新生队、高年级队、校队的3组队员由此不断经历拆队重组,以致他们觉得自己好像是教练手中的悠悠球——这一分钟在高处,下一分钟就落到了低点。不过,当1935年底美国宣布参加柏林奥运会时,尤伯瑞克森意识到,该是做出选择的时候了,毕竟越早确定名单,就越有机会将星条旗插在纳粹德国的心脏上。

一号位罗格·莫瑞斯、二号位畅克·戴、三号位戈登·亚当、四号位约翰·怀特、五号位吉姆·麦克米林、六号位乔治·杭特、七号位乔伊·瑞兹、八号位领桨员多恩·休姆、舵手鲍伯·莫赫,是尤伯瑞克森心目中的最佳校队组合。这并非原本的校队、第二校队或新生队的整建制队伍,而是从中各抽调了三人。如果说,这9位日后名垂赛艇界的"激流男孩"有什么共同点,那就是,经过几轮西部赛和全国赛洗礼,每个年轻人都技术出众,且足够果决、足够坚强,同时又都心地纯良,且足够友善、足够谦卑。对于赛艇运动,这就是一支可遇不可求的超级组合,再加上乔治·耶曼·波克科亲手打造的"快驹哈士奇",为国出征理应别无二选,名扬德意志也大有机会。只是,这一路注定荆棘遍布、险象环生。

如果说1936年4月在华盛顿湖上的胜利是一气呵成、尽在掌握,那么,6月的哈德逊夺冠无疑是惊心动魄、绝杀翻盘。全程4英里的赛程,第一个半英里结束时,华盛顿队处于最后,比最前方的加州队落下5艇距离;行至2英里处，加州队和海军学院队双双领先，哥伦比亚队和宾大队位居第三、第四，华盛顿队排名第五，康奈尔队和雪城队最慢；直至还剩1英里时，华盛顿队仍处于加州队、海军学院队和哥伦比亚队之后。不过，反攻的号角也在此时吹响，舵手莫赫，这个集四分卫、拉拉队长和临时教练于一身的狠角色突然俯身对着休姆大喊道："为了尤伯瑞克森，给我十大桨！"八支桨深深潜入水底十回合，然后莫赫又俯下身子喊道："瞧瞧加州队！为他们来十下！然后再为咱爹妈来十下！"局势由此改变，"快驹哈士奇"不仅超过了哥伦比亚队，还在最后半英里处，紧紧咬住了第二名；莫赫激情大叫："好！现在！现在！现在！"休姆闻声把桨速提到35桨、36桨、37桨，坐在右舷的乔伊紧紧跟上休姆的步调，动作如丝般润滑，华盛顿队随之翩然超过海军学院队；最后200码，华盛顿队的小伙子们做出了每分钟40桨的极速运桨，伴随着席卷手臂、肩膀、后背、腿膝的疼痛和心肺撕裂的感觉，"快驹哈士奇"以一道水痕早于"加州快马"冲过终点线。考虑到2小时前，哈士奇高年级队和新生队都不负众望地拔得头筹，华盛顿大学赛艇队也成为1912年以来，哈德逊河上第一个囊括全部金牌的队伍。

《纽约时报》《纽约邮讯报》《世界电讯报》等媒体关于

华盛顿校队反败为胜的溢美之词并没有让小伙子们飘飘欲仙，而是一鼓作气在普林斯顿的卡内基河上终结了加州队、宾大队、海军学院队、普林斯顿队和纽约体育俱乐部队的奥运梦，成功获得代表美国出征柏林奥运会的资格。西雅图终于登上了国际舞台。

1936年的盛夏，9位华大少年以美国赛艇国家队队员的新身份踏上了柏林的土地。尽管在格鲁诺河上的第一次试水就遭遇了"快驹哈士奇"被撞裂的意外，以及领桨员休姆严重感冒、高烧不退的突发事件，但预赛中的对手法国、日本、捷克斯洛伐克对"激流男孩"来说都没有太大威胁，除了实力强劲的英国队。果然，在距离终点还有不到200米时，比赛变成了美国队与英国队之间的竞争。虽然，英国队依然领先，但美国队已经进入一种摆荡的和谐中，8具前后摇晃的身躯彻底合为一体，完美匀和、无懈可击、势不可挡，最后20桨，他们果决地冲到英国队前方，以足足6米的领先距离冲破终点线，顺利闯进决赛。

48小时后的决赛前夕，天降暴雨，狂风大作，领桨员休姆已病得几乎下不了床，预赛第一的"快驹哈士奇"被分在最差的第六道。一切都朝着不利于美国队的方向发展，强悍、勇决、机智如莫赫也悄悄地把伯尔斯的幸运帽塞在了身旁——每个从新生过来的华盛顿赛艇人都知道,伯尔斯只要戴着那顶帽子出征就从未输过。

启程殿后,500米中后,1000米重回最慢的位置。奥运赛场2000米的距离,再不提速就等于弃权出局!莫赫不能再等,趋身朝前,对着休姆大叫:"桨速!提高桨速,多恩!"可是什么都没有发生。"多恩!快!快!划起来!"他再次喊叫着。休姆的脑袋随着赛艇前后摇晃,脸色苍白,眼睛似乎闭上,快要睡着了一样(一场突如其来的重感冒让这个大男孩迅速掉了6公斤)。领桨员35桨,全艇就是35桨,这个速度必败无疑!眼见还剩800米,形势岌岌可危!莫赫绞尽脑汁地思忖对策,如果休姆再不醒,就只能兵行险招,把桨速交给七号位乔伊了;就在这时,休姆突然抬起头,睁大眼睛,直直望着莫赫,目光交会之际,莫赫已明白机不可失,随即对着休姆的眼睛喊道:"赶上他们!赶上他们!冲!冲!给我冲!"休姆没有说话,但百分百读懂了莫赫的指令,36桨、37桨,过1500米线时,"快驹哈士奇"冲到了第三位,离第一名德国队和第二名意大利队一艇之距;速度还在提升,38桨、39桨、40桨,最后300米处,德国队、意大利队、美国队并驾齐驱!最后200米,仍旧胜负难分,3支队伍都是可怕的40桨!7.5万名观众已全部起立，西豪斯看台上的希特勒也把双筒望远镜扔到一边，尤伯瑞克森面无表情地叼着烟卷用力咀嚼！"快驹哈士奇"上的小伙子们已经拼尽了全力，但对夺冠还是不够！唯一的破解之道，就是通过创造"极盛"时刻来扭转乾坤！岸上呼声如雷，桨手与舵手完全无法用声音交流，但莫赫总是有办法，8位男孩永远心有灵犀！只见他拿起舵柄上的木环，极速地用力敲打赛艇两侧的金属贴片，从休姆到莫瑞斯，大家在感知艇身微震的瞬间，再次调动起透支边缘的体内所有留存的意志和力量，41桨、42桨、43桨，16只手臂16条腿拉伸弯起，8支桨入水出水，8个身体前倾后仰，都毫厘不差！"快驹哈士奇"金光爆闪，44桨，人艇合一，这就是传说的"极盛"时刻！

美国队赢了！来自西雅图的少年们赢了！他们创造了历史，成就了自我！

（改编自［美］丹尼尔·詹姆斯·布朗著，蓝晓鹿译《激流男孩》[The Boys In The Boat]）

──────────

一百年前的美国赛艇圈，基本是由常春藤盟校所主导，1895—1922年的历届全美校际赛艇锦标赛冠军全部花落东部学府。直到1923年，一群来自华盛顿大学的淳朴少年终于在哈德逊河上击败群雄，捧起冠军奖杯，并由此开启了东西部高校延续至今的精彩对决。其间，9位来自普通家庭的华大男孩与波克科亲手打造的"快驹哈士奇"于1936年柏林奥运会上人艇合一、扭转乾坤的故事更是被广为传颂，激励了一代又一代赛艇人。

专栏19 华大赛艇男孩们的幕后导师——波克科

如果说尤伯瑞克森是华盛顿大学赛艇队的功勋教父，波克科就是同时代华大赛艇男孩们的幕后导师。

波克科于1891年出生在泰晤士河畔的金斯顿区，这里可以说是世界上最适宜泛舟的水域了。他的家族世世代代都以造船为生，15岁时，波克科也正式成为伊顿庞大赛艇制造行业的一员。造艇之余，波克科常细心模仿泰晤士河上的水手，并尝试把快划快收的划船技巧运用到赛艇运动中。事实证明，这招的确能够有效助力赛艇成绩提升。17岁那年，父亲为他报名参加在泰晤士普特尼区的职业比赛。经过三组激烈争战，波克科打败其他58名选手，得意地带着50英镑的奖金回到家里。

但不久后,一场突如其来的变故让波克科不得不背井离乡,前往加拿大打工——为温哥华赛艇协会制造赛艇。好在功夫不负有心人,凭借早年积累的经验,波克科的造艇手艺逐渐得到了越来越多的认可,名声也从加拿大传到美利坚。1912年的一天,日后被誉为华盛顿大学赛艇之父的海勒姆·博德曼·科尼贝尔(Hiram Boardman Conibear)亲自登门,力邀波克科前往华盛顿,担纲华大赛艇制造师。"哈士奇"与波克科相互成就的非凡历程由此启幕。

单就制造赛艇而言,波克科的技术在1920年代就已独霸美国西部。1927年,以美西红雪松替代西班牙柏木的革命性改良,更让其制造的赛艇大受欢迎,甚至远在东海岸的哈佛大学也开始向波克科发出订单。不过,波克科的影响力并不局限于造艇层面,他还深谙水性、善研风向,对骨肌系统更是了如指掌,加之少年时代划艇经历总结出的技巧,让他一直发挥着"影子教练"的作用。每一次,当他将自己的知识和经验传授给华盛顿大学的赛艇队员们后,都会收到立竿见影的效果。除此之外,他还从生活、训练、学习、思想等多个方面,给队员一对一指导,帮助他们调整状态。有位赛艇领队曾如此评价波克科:"有他在,华大

赛艇卷 静水激流 235

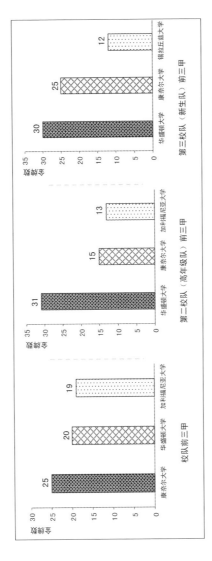

图 10 全美校际赛艇锦标赛公开级校队金牌榜前三甲（截至 2024 年）

赛艇队就不会倒下,因为他具备了神的孩子该有的特质。"这个评价深得历届数百位赛艇男孩的认可。

二战结束后,他的技艺更加精湛,所造的赛艇见证了美国高校赛艇队的无数荣耀时刻:1948年华盛顿大学队勇夺伦敦奥运会金牌,1952年海军学院队登顶赫尔辛基奥运会,1956年耶鲁大学队于墨尔本奥运会折桂……1960年代后期,波克科逐渐隐退,但他的传奇故事从未被人们忘记,柏林夺冠的"快驹哈士奇"也一直被华盛顿大学珍藏至今。

(改编自[美]丹尼尔·詹姆斯·布朗著,蓝晓鹿译《激流男孩》[*The Boys In The Boat*])

纵观自19世纪末至今的全美校际赛艇锦标赛英雄榜,华盛顿大学校队用20座冠军奖杯力压宾大、布朗、雪城等一众东部名校,列居榜眼之位。若以新世纪的表现来看,2011—2015年的五连胜则让其成为当之无愧的王者之师,且从底蕴深厚的校队赛,到精彩非凡的高年级赛和新生赛,全美校际赛艇锦标赛上的最好成绩皆由华大人创造。与此同时,无论是在问鼎2004年雅典奥运会的美国男子赛艇队里,还是接连登上2008年北京奥运会、2012年伦敦奥运会和 2016 年里约奥运会最高领奖台的女队中,华盛顿大学赛艇健儿的身影都清晰可见。凭借原"哈士奇"男队队长马特·迪肯(Matt Deakin)与队友合作摘得男子八人单桨有舵手奥运金牌的彪悍战果,加上玛丽·惠普尔和凯特琳·古雷吉安(Katelin Guregian)接续以舵手身份率领美国女子赛艇队实现三连冠的丰功伟业(巧合的是,这两位来自华大的世界级舵手均握有 5 枚世锦赛金牌,美国赛艇女队于 2006—2016 年的 11 连胜也是由二人先后掌舵无缝衔接创造),华盛顿大学赛艇队可谓历百余载沧桑依旧风华正茂,经一代代传承始终勇立潮头。

(三)诺奖得主与奥运冠军养成记

2023 年诺贝尔生理学或医学奖于当年 10 月初在瑞典首都斯德哥尔摩揭晓,匈牙利裔美籍科学家卡塔琳·卡里科(Katalin Karikó)和宾夕法尼亚大学教授德鲁·魏斯曼(Drew Weissman)因在信使核糖核酸(mRNA)领域的突破性研究成果而获奖——两人在核苷碱基修饰方面的发现使得快速开发针对 COVID-19 的有效 mRNA 疫苗成为可能。

事实上,在成为新晋诺奖得主之前,卡里科专注 mRNA

的研究已超过40年。在漫长的科研岁月里,因为"冷门""小众",应用前景很不明朗,她曾长期面临经费受限、无法建立独立实验室的窘境,甚至一度被降职降薪,还饱受癌症病痛的折磨。不过,所有的困苦、质疑、打击都没有让她彷徨和退缩,凭借数十年的矢志不渝和持续探索,卡里科终在2020年迎来了世纪曙光,并为全人类走出百年一遇的新冠疫情阴霾贡献了史诗级的智慧力量。

卡里科因获诺奖而誉满全球时已经68岁,而比之成名更早的则是她的女儿祖萨娜·弗朗西亚。弗朗西亚不仅是2008年北京奥运会和2012年伦敦奥运会八人单桨有舵手比赛金牌得主,也是世界赛艇锦标赛上的常胜将军,分别在2006、2007、2009、2011年勇夺5枚世锦赛金牌,并入选美国国家赛艇名人堂、两获年度"世界最佳女子赛艇运动员"称号,还作为明星运动员及健身模特登上《身体》《健康》《女性健康》《费城范儿》等多个杂志的封面。

弗朗西亚于1982年出生在匈牙利东南部城市塞格德,2岁便跟着父母移居美国。由于明显的身高优势,中学时代的弗朗西亚就被多个运动项目的教练所青睐,但直至进入宾夕法尼亚大学后的第二年接触赛艇运动时,她才真正找到了兴趣与天赋的结合点。作为文体皆优的代表,她不仅是宾大女子赛艇队的绝对风云人物,更是仅用4年时间就获得了学士和硕士学位。当毕业季来临时,面对多个高薪工作机会的弗朗西亚并没有丝毫迟疑,坚定选择进入美国女子赛艇队去追逐自己的奥运梦想。

十年国家赛艇队的生涯中,弗朗西亚既经历过状态不佳、险些无缘奥运会的低谷,也遭遇过肋骨骨折和椎间盘突出等伤病的折磨,还亲尝过与奖牌近在咫尺又失之交臂的遗憾。但凭借着与母亲一脉相承的不气不馁之精神和坚不可摧之意志,一路过关斩将,终成长为美国赛艇界的传奇。她曾说:"在赛艇比赛中,大多数队员都是背向前方的,所以你看不到终点线何时到来。我妈妈也是一样,她不知道自己的研究何时会有收获。这就要有对整个过程的坚定不移,因为每一次划桨,每一步突破,都让我们更接近自己想要完成的事情。现在回想起来,它确实是这样,而我们都做到了!"

四、崛起的中国

赛艇运动虽然流行于欧美已3个世纪,也是资历最深的现代奥林匹克项目之一,但扎根中国的时间却并不长。1956年,新中国成立后的首场赛艇比赛——全国四城市划船赛在杭州西湖举办。1959年,赛艇正式"登陆"第1届全国运动会。1973年,中国赛艇协会加入国际赛艇联合会,并于两年后派队征战世界锦标赛。2008年,我国四人双桨组合在家门口的北京奥运会上实现了多年来的"升国旗、奏国歌"夙愿。过去十年,以深潜、和鹭、清泉盛京等为代表的民间赛艇俱乐部争奇斗艳。回顾往昔,赛艇运动在中国的短暂历程不乏可圈可点之处,放眼未来,全民"亦可赛艇"则正从路人宣传语变为身边大趋势。

(一)新德里的辉煌起点

1. 赛艇项目首次亮相

1982年亚运会是中国体育发展史上的重要里程碑和亚洲体育格局变迁的明确分水岭。从1951年新德里到1978年曼谷,前8届亚运会参赛国的金牌数量之最都由日本占据。当增设了赛艇项目的第9届亚运会重回新德里时,凭借61枚金牌的出色表现,中国体育代表团首次晋身为亚洲霸主,同时开启了超过40载、连续11届亚运金牌榜的领跑。

事后来看,尽管初次"入亚"的赛艇比赛仅设4个小项,但中国赛艇健儿对金牌的包揽恰成压垮日本体育代表团的关键因素甚至是"最后稻草"——新德里亚运会中日金牌之差正好是4枚(见专栏20)。

专栏20 改写亚运体育势力版图的4枚赛艇金牌

1982年,赛艇第一次作为正式项目出现在亚运会的舞台上。虽然只有4枚金牌,却发挥出奇兵之效,重构了亚洲体育势力版图。

彼时,由于运输、经费等条件限制,中国队参赛所用的艇与桨都是在印度当地租借的。加之从抵达驻地到预赛,留给队员们调试器材并进行针对性训练的时间极短,让本就对气候、环境、饮食颇不习惯的中国健儿不适。但更令中国赛艇队备感压力的是,决赛日到来之际,亚运会已接近尾声,而中日两国的金牌数量仍处于伯仲之间,这就意味着,谁能拿到更多的赛艇金牌,谁就可能坐在榜首之位。基于此,新德里贾姆瓦拉姆加尔湖瞬时成为中日"短兵相接"的战略要地,两国在男子双人单桨有舵手小项上的正面交锋也成为各方关注的焦点。据参赛队员李建新回忆,起步阶段,日本、印度交替领先,中国队则严格依照赛前的部署紧紧跟随。行至中途,虽然湖面刮起一阵对于中国队极为不利的"横顶风",但心无旁骛的队员们依然牢牢遵循"大幅度,稳定途中桨,保持每桨划水效果"的指导思想,将注意力放在每一桨的划水效果上,直至后程,才全力冲刺,并在抵达终点时,甩出日本队近60米之远。

当鲜艳的五星红旗徐徐升起,《义勇军进行曲》的歌声响彻赛场,徐国良、颜军、李建新3位运动员激动万分。为这一刻,他们准备了许久,也等待了许久。除此枚男子双人单桨有舵手的金牌外，刘群夺得了男子单人双桨冠军，王德平、叶炳问鼎男子双人单桨无舵手小项，张金玉、李芝斌、王红兵、刘卫平、潘汉生则折桂男子四人单桨有舵手比赛。处身总赛程收官阶段，包揽4个赛艇小项金牌对中国代表团超越日本站上亚洲体坛之巅的贡献不言而喻。此后，中国也再没有给日本及其他国家任何机会，始终稳居亚洲体育第一强国之位。

2. 亚洲赛艇霸主 —— 中国

提到中国体育的"王者之师"，人们首先想到的是乒乓球和跳水，随后便是羽毛球、射击、举重等。但实际上，赛艇也是我国在亚洲大型赛事中的"金牌仓库"，实力之强称得上"独孤求败"。

从第9届的4个小项逐步扩容到第19届的14个小项，从早期的中、日、韩、印、泰五国，不断增加至目前的十余支代表队，亚运会赛艇家族日渐枝繁叶茂，但"带头大哥"始终未变。截至杭州亚运会，累计产生129枚赛艇金牌，中国运动员共带走了其中的103枚（见表13）。

表 13　历届亚运会赛艇金牌设置与中国队成绩

届次	男子			女子		
	赛会设置金牌数	我国所获金牌数	排名	赛会设置金牌数	我国所获金牌数	排名
第9届（1982年）	4	4	1	–	–	–
第10届（1986年）	5	4	1	3	3	1
第11届（1990年）	8	8	1	6	6	1
第12届（1994年）	7	6	1	5	5	1
第13届（1998年）	6	6	1	5	5	1
第14届（2002年）	7	6	1	6	6	1
第15届（2006年）	5	1	2	5	4	1
第16届（2010年）	7	4	1	7	6	1
第17届（2014年）	7	4	1	7	5	1
第18届（2018年）	8	3	1	7	6	1
第19届（2023年）	7	5	1	7	6	1
总计	71	51	1	58	52	1

（二）竞技与普及共进

1. 奥运战绩渐进突破

尽管我国在亚洲赛艇竞技领域处于绝对领先地位，但由于起步较晚，在奥运会、世锦赛等最高等级比赛中，仍与欧美强国有着明显差距。从1984年起的20年里，我国运动员在参加的6届奥运会赛艇比赛中，始终未能摘金，只取得2银2铜的成绩。同期的世锦赛中，也仅收获包含8枚金牌在内的19枚奖牌，与英美等国近百枚金牌、数百枚奖牌的傲人战绩相去甚远。

直至2008年北京奥运会，由唐宾、金紫薇、奚爱华和张杨杨组成的女子四人双桨战队终于冲金成功，并由此打破了欧美国家对赛艇奥运金牌的长期垄断。与此同时，吴优与高玉兰也在女子双人单桨比赛中为中国体育代表团增添1枚银牌。随后的两届奥运会中，广东选手黄文仪先是与徐东香搭档在伦敦奥运会女子轻量级双人双桨小项中获得银牌，后又和潘飞鸿组成"黄飞鸿"组合在里约奥运会女子轻量级双人双桨比赛中夺得铜牌。加上段静莉的女子单人双桨里约铜牌，两届奥运会1银2铜，虽已是北京奥运会前的最好表现，但与金牌失之交臂的遗憾一直让中国赛艇健儿意难平。

2018年，中国赛艇队聘请奥运五金得主雷德格雷夫担任高水平运动表现总监，负责国家队在奥运会、亚运会、世锦赛、世界杯、世青赛等赛事的训练、选材和备战相关工作。雷德格雷夫接手以来，中国赛艇队的进步有目共睹。2019年赛艇世锦赛中，男女项目全面开花，共拿到3金1

银4枚奖牌,同时位列金牌榜第三名,创造了我国在世锦赛历史上的最佳排名。2020年东京奥运会,张亮搭档刘治宇的"亮宇组合"在男子双人双桨比赛中斩获铜牌,实现奥运赛艇男子奖牌零的突破。崔晓桐、吕扬、张灵、陈云霞如愿站上女子四人双桨比赛的最高领奖台,王子风、王宇微、徐菲、苗甜、张敏、巨蕊、李晶晶、郭淋淋与舵手张德常则合力拼下女子八人单桨有舵手小项铜牌。1金2铜不仅是中国赛艇队史上最好奥运战绩,更让人们看到了中国赛艇的无限潜力。

2. 赛艇与城市共振共生

如今谈及赛艇运动的开展,大家首先想到的往往是北京奥林匹克水上公园、杭州富阳水上运动中心,或是上海苏州河、南京秦淮河以及扬州古运河,等等。其实,在北方重镇沈阳也有一条堪称顶级的赛艇河道,即被当地人唤作"母亲河"的浑河。

全长逾400公里的浑河曾是辽河最大的支流。新中国成立后,沈阳在浑河水的哺育下走上工业发展之路,数百个"新中国工业史上的第一"均在此诞生。不过,见证了"共和国工业长子"辉煌的浑河,也实实在在地留下了工业污染的斑驳痕迹。改革开放后，随着沈阳城市重心南移，浑河逐渐由绕城河变为城内河，"工业黑"对城市环境的影响也越来越大。进入新世纪，沈阳市痛下决心，全面启动浑河流域水污染治理工作。经过不懈努力，如今的浑河不仅河水清澈，水质稳定在Ⅲ类标准，而且两岸还布局了五里河、沈水湾等十多座公园，绿化率达到95%以上。

因与著名的波士顿查尔斯河有着相似纬度，气候条件、自然风貌等也毫不逊色，人文景观、文化底蕴方面甚至更具魅力，再加之拥有全球少见的无敌赛道——城内核心段直线距离达10公里、平均河宽400米、深2.3米，河面十分接近静水状态，近年来多项国际、国内大型赛艇赛事纷纷落户浑河。其中，沈阳国际赛艇公开赛自2018年首次亮相以来，已连续举办7届，累计吸引来自20多个国家的9000余名赛艇爱好者参加，观赛人次逾40万。与此同时，在绝佳的赛艇环境驱动下，沈阳全市目前有超过30所中小学设置了赛艇课程，浑南区约4万青少年常年参与赛艇运动，本地企业赛艇队也接近30支。两岸滨水商业随之繁盛，体育、文化、旅游融合持续释放澎湃动力，既叫响了浑河"中国最美城市静水赛道"的品牌，也让沈阳朝着"赛艇之都"的目标一步步扎实迈进。

（三）厥功至伟是王石

1. 从极限运动爱好者到亚洲赛艇联合会主席

十指关节处几乎都有老茧，且印迹分明。面对媒体采访，亚洲赛艇联合会名誉主席王石伸出双手，就已足证其对赛艇运动的热爱。

在中国商界和极限运动领域，王石的经历绝对传奇：33岁创立万科，40岁成为地产圈领军人物，52岁登顶珠峰，54岁完成"7+2"探险（登顶七大洲最高峰且以探险的方式徒步滑雪抵达南北两极极点）。人们很好奇，精力旺盛的他，接下来会做什么。2013年，在感觉自己的身体不易承受登山、跳伞等极限活动后，赛艇成为62岁的王石在健身房外的主要运动。之所以选择赛艇，按他自己的说法，是因为其能体现和锻造团队精神，而这对企业来说尤为重要。他认为，赛艇队员要通过长期合作，才能在比赛时达到最大默契，并且队员间没有功劳大小之分。能上赛艇集体比赛之人，在各行各业都会有不错表现。不仅如此，赛艇似乎也成了他的某种思考之锚，让其体悟中西方文化差别、个体与群体的关系。

2014年，王石成功当选亚洲赛艇联合会主席，任期5

年,这是一个纯义务、无薪酬的职位。国际赛艇联合会主席让-克里斯托夫·罗兰毫不避讳地表示,之所以看好王石,既因其巨大的商业成就和在中国的影响力,更源自其对赛艇的执着与热爱。这句话并非空穴来风,竞选亚洲赛艇联合会主席期间,两人初次见面握手,罗兰就笑着对王石说:"你是自己人。"因为王石手上有厚厚一层茧,这是赛艇人的标志。与此同时,作为世界自然基金会董事会的成员,王石多年来积极推动绿色低碳、垃圾处理等环保活动,与国际赛联的"净水计划"理念相符,这也成为他最终当选亚赛联主席的重要筹码。

竞选亚赛联主席时,王石曾做出承诺:任职期间要在亚洲建立400个站点和俱乐部。成功当选后,他清楚地意识到,仅依靠亚赛联的力量是很难实现这一目标的,赛艇运动的商业化势在必行。

2. 深潜 Deep Dive

作为亚洲赛艇联合会主席,推广赛艇运动可谓王石的分内之事。他曾在接受采访时表示,推广现代运动的最好方式就是赛事,赛事的竞争性会带来观赏性,进而能够以电视转播吸引观众,随之借助企业赞助创收盈利。只有形

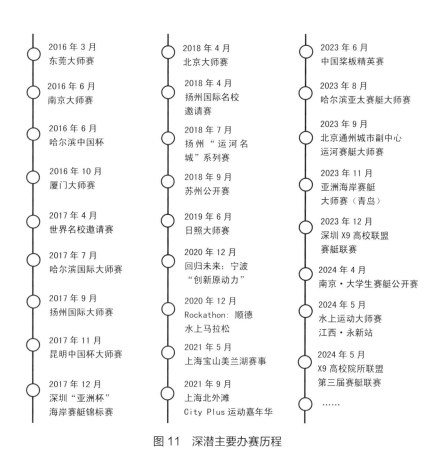

图 11　深潜主要办赛历程

成商业模式,才能让小众的赛艇运动打破圈层,成为大众休闲运动的选择。

2014 年,尚未从万科退休的王石在英国剑桥大学完成了赛艇为主的"体育+教育"课程,以此为开端,决心推广赛艇运动并将其商业化。同年,深潜(Deep Dive)组织成立,它起源于王石发起的企业家海外训练营,以赛艇运动为载体,将"放下归零,再出发"作为口号,结合世界顶尖学术、商业资源,旨在通过对"运动精神""全球视野"与"社会责任"的融合,重塑中国企业家之精神。

经过十年的发展,深潜在城市俱乐部、商学院、赛事及重大合作三个业务板块的加持下,已成长为中国最大的水上运动中心运营方和民间水上赛事领军者。目前,深潜城市俱乐部已走进北京、上海、深圳、扬州等7座城市,以精品水上运动为核心产品,整合体育、教育、文化、公益等资源,为市民提供个人培训、企业组织团建、青少年素质教育等服务。与此同时,深潜作为亚洲赛艇联合会合作的中国唯一非官方机构,至今已成功举办70余场大型赛事及体、文、旅、商活动,吸引大量企业队、国内外高校队与民间队伍参与,现场观众数万人,相关媒体报道阅读量超千万次。

随着赛艇商业化进程不断推进,在亚洲推广400个民间赛艇俱乐部的承诺已经全部兑现。2023年,深潜以赛艇赛事为平台,进一步整合新能源汽车、手机、移动穿戴设备等品牌资源,设置绿色、低碳、环保倡议等主题吸引高质量企业家群体,创造高质量的运动社交内容,持续高质量赋能城市。

3.赛艇链接绿色未来

"人们对运河的保护,应该像保护自己的眼睛一样。因为在城市千年的发展过程中,运河是见证者和亲历者。"王石坦言,他对推广赛艇特别关心,除了因为喜欢这项运动,还在于通过赛艇运动可以推动水污染治理,净化水源,为城市提供更适合生活居住的环境与空间。

深潜在扬州的赛艇基地扬州深潜大运河中心,之前是扬州市的垃圾填埋场。正是因为赛艇运动的开展,推动了当地的污染治理,使之变成风景美丽的环境保护区,成为扬州生态环境治理的一个成功实践。如此经历给了王石灵感,即可以借助赛艇推广环保理念、低碳生活模式,这是赛艇在体育之外的使命。而运河,则让他的灵感有了发挥的空间。

2021年11月,《联合国气候变化框架公约》第26次缔约方会议(第26届联合国气候变化大会,COP26)于英国格拉斯哥开幕。参会期间,这位70岁的传奇人物决定开启一场以赛艇穿越全球的冒险。从英国开始，途经阿联酋、新加坡、美、英、荷、德、意等若干国家的上百座城市。穿越之旅旨在通过全球范围内的赛艇行动呼吁"零碳排、水保护"的理念，鼓励文化交流，提高公众环保意识，促进低碳可持续发展。以赛艇为媒、运河为景，连接包括中国在内的全球"碳中和"先锋企业、行业领袖。事实上，这次穿越行动并非一时的心血来潮。早在2009年，王石就曾代表中国企业家出席了联合国气候变化大会，自此从未间断。COP26结束时定下的目标便是把全新的运河故事和低碳理念带上2023年迪拜第28届联合国气候变化大会（COP28），以赛艇为窗口，用独特的运河穿越实例，讲述中国环保故事。

2023年12月，当年度的全球运河赛艇穿越之旅在迪拜棕榈岛圆满落下帷幕。此次收官之作完美实现了与联合国气候变化大会的深度融合，充分彰显了穿越行动为应对气候变化所做出的积极努力。国际赛艇联合会主席让·克里斯托夫·罗兰在COP28"运河城市：气候变化风暴眼"主题边会上盛赞道："全球运河穿越行动将人与自然、人与运动、人与人的沟通高度联系起来，在划赛艇的同时唤起对于水环境保护的意识。意识是第一步，我们必须让更多人参与到气候变化的这项巨大挑战中来。"回顾从 COP26 到 COP28 的整个行动历程，深潜人共划过 6 大洲、37 个国家、167 个城市、287 个站点，超过 8000 名参与者身体力行地响应了"公益环保与运动健康"的号召。

客观看，王石所带领的深潜团队能够在短短 2 年时间里，穿越全球百余个城市，除了其卓越的领导力之外，还有一个重要因素就是赛艇运动的"零碳""低碳"效应击中了时代的痛点。随着气候危机的加剧，极端天气、地震、洪水等灾害频发，如何可持续发展已不再是科幻小说里的情节，而是全人类必须面对的时代课题。多年前，当他在各大论坛上倡导"绿色""环保"等理念时，不少人还不以为意；而现在，绿色环保已成为众企业深耕不辍、保持领先的制胜之道。

王石曾多次谈及，当 2002 年登顶乞力马扎罗山却未见预想中积雪覆盖的场景时，他便开始关注气候变化，从此走上了环保公益之路，只是那时候还没有"碳中和"的概念。当"双碳"时代来临时，王石已经 70 岁了。不过，70 岁的年龄，依然还有 20 岁的热情与活力。从万科退休后的二次创业，"碳中和"自然成为理想方向。2021 年，他瞄准国内的碳排放市场，创办深石公司，以城市"碳中和"实施路径为核心,围绕低碳城市及低碳园区设计运营等领域展开相关业务及投资。所有这一切,都和赛艇有一个共同支点,那就是他多年来坚信并践行的绿色发展、可持续发展理念。

如今,"游戏"正在升级,深石公司要做的不仅仅是环保公益,还有如何撬动这背后高达万亿规模的"碳中和"市场。作为低碳时代的旗手,王石显然还会接受更多考验,但无论如何,通过运河推广赛艇运动,通过赛艇链接绿色未来,吸引更多人关注和保护环境,已然为新征途开了个好头。

后记

在本书初稿将完之际，我机缘巧合结识了曹峻先生。

对，就是那个曾经的北大山鹰社社长，为了登山放弃万科金饭碗、加盟深圳登协的曹峻，也是中国民间登山和自由攀登的先驱之一。在他的鼓励下，我登上了人生第一座雪山——青海玉珠峰。

亲历之后，我不禁想说，每一位幸存或遇难的自由攀登者都值得仰望，他们不仅是未登峰和新路线的开辟者、"阿式攀登"风格的践行者，更是独立与平等精神的坚守者，他们神秘又平凡、孤高又重义、无畏又热血，若没有了他们，人类近现代数百年的登山史必定黯然失色，无趣很多。

同时，那些跟随商业团队登顶高海拔雪山的业余攀登者，一样值得尊重。因为进入空气稀薄地带，向上的每一步都有千钧之重，呼吸的每口气都万般困难，前行的每一米都面临无穷挑战。也正缘于此，方寸挪移都是对身体极限的硬核突破、对勇气与智慧的真正考验、对生活和生命意义的极致探寻。

　　写到这里，我不禁要感谢王富洲、屈银华、贡布、史占春、许竞、刘连满、潘多、王振华、朱发荣、于良璞、李致新、王勇峰、王石、夏伯渝、马欣祥、王铁男、尼玛次仁、次仁桑珠、曹峻、陈骏池、徐晓明、马一桦、康华、杨春风、饶剑峰、张梁、刘永忠、王苗、伍鹏、刘喜男、孙斌、王静、董红娟、罗静、何静、李兰、何川、严冬冬、周鹏、罗彪、李宗利、李卫东、迪力夏提、王云龙、郑朝辉、古奇志、彭晓龙、钱俊伟、张艳杰、何浪、刘洋、柳志雄、杨小华、黄思源、李昊昕、刘峻甫、陈楚俊、童海军、王永鹏、童章浩和霍勒斯-本笃·索绪尔、米歇尔-加布里埃尔·帕卡德、雅克·巴尔马特、阿尔伯特·弗雷德里克·穆默里、乔治·马洛里、安德鲁·欧文、莫里斯·赫尔佐格、路易·拉切纳尔、埃德蒙·希拉里、丹增·诺尔盖、赫尔曼·布尔、乔·布朗、唐·威尔兰斯、莱茵霍尔德·梅斯纳尔、捷西·库库奇卡、格琳德·卡尔滕布鲁纳、克里斯蒂安·特罗姆杜夫、奥利维耶·巴尔玛、布鲁斯·诺曼德、曾山等等中外杰出的登山家、探路人、布道者和新生代翘楚。他们成长于不同国家、成名于不同时期、贡献于不同维度，他们的经历既有时间顺序上的承接与倒置，也相互交织、彼此呼应。正基于此，如上名单的排列并非遵循什么原则或规矩，仅仅是以我了解这些人事迹的先后而体现。实事求是，我与他们中的大部分人，其实都素未谋面——有些也不可能见面——但正是他们的故事让我走进登山运动的壮美世界，并愈加着迷而忍不住小试牛刀，登几座雪山，写一些文字！

早于登山，2022年深秋，我因缘际会接触到中国（沈阳）赛艇运动发展指数的研创，于是得以常赴沈阳国际赛艇中心调研，现场体验"中国最美城市静水赛道"，本书下卷之名"静水激流"即受此启发。

行文至此，我不禁要给我的学生冯靖然、陈佳铭、李嘉一和周子卿点赞，他们不仅深度调研了深潜、和鹭、清泉盛京等头部运营机构，积极参与赛艇运动训练，也承担了本书赛艇部分的初稿写作工作。更值得欣慰的是，这几个满富朝气的年轻人还投入到马拉松运动的征途中，并取得了非常不错的半马成绩！

是的，如果你喜欢这部《奔赴山河》，那么，下一部《跑者无疆》一定值得期待！

白宇飞

2025年1月